A tous ceux que leur besoin de discrétion m'empêche de citer dans cet ouvrage.

A tous ceux qui m'ont aidé dans mon travail : d'abord et surtout Olenka, mais aussi Noreen Ahmed-Ullah, Jean-Louis Bertola, Joanne Blein, Jean-Charles Brisard, Rawdha Cammoun, Jano Charbel, Iman Elkadi, Alain Grignard, Hossam al-Hamalawy, Mark Hosenball, Jean-François Mayer, Stefan Meining, Reuven Paz, Xavier Raufer, Olivier Roy, Mohammed Saeed, Reinhard Schulze, Ruth Stalder.

Introduction

> «Les réalités d'aujourd'hui sont les rêves d'hier, et les rêves d'aujourd'hui sont les réalités de demain[1].»
>
> Hassan al-Banna

> «Nous conquerrons l'Europe, nous conquerrons l'Amérique, non par l'épée mais par notre Message[2].»
>
> Cheikh Yousouf al-Qaradawi

Ceci est l'histoire, longtemps occultée, d'une société secrète et de son projet de conquête du monde. Du milieu du XXe siècle à nos jours, des hommes formant l'avant-garde de l'islam militant ont mis leur vie au service d'une ambition grandiose : établir un État islamique sur toute la terre. Membres de l'organisation des Frères musulmans, ils ont œuvré dans l'ombre, dissimulant leurs objectifs ultimes aux regards extérieurs. Comprendre leurs stratégies et leurs méthodes est crucial, car les Frères et leurs héritiers constituent la plus organisée des forces qui parlent au nom de l'islam en Occident.

1. Cité par Tariq Ramadan, *Aux sources du renouveau musulman, D'al-Afghani à Hassan al-Banna, un siècle de réformisme islamique*, Paris, Bayard Centurion, 1998, p. 229.

2. Cité par le *Washington Post*, «In search of friends among the foes», 11 septembre 2004. Ces propos ont été tenus lors d'une conférence islamique organisée aux États-Unis, en 1995.

En Europe comme en Amérique, les Frères ont cherché à encadrer les communautés musulmanes en créant un ensemble de lieux de culte, d'associations et d'instituts savants. A travers ces structures, ils aspirent à devenir les interlocuteurs privilégiés des États pour toutes les questions relatives à la pratique de l'islam. Ils tentent aussi d'infléchir les politiques occidentales dans des domaines tels que les relations avec Israël, l'Irak ou la « guerre contre la terreur » déclarée par les États-Unis au lendemain du 11 septembre 2001.

Malgré les nombreuses recherches qui leur ont été consacrées, les Frères musulmans demeurent une énigme. Fondée en Égypte en 1928, leur société *(Gamaat al-Ikhwan al-Mouslimoun)* est souvent définie comme un mouvement politico-religieux visant à réformer le monde musulman sur la base d'un islam « authentique », à la fois fidèle à l'esprit qui régnait au temps du Prophète et compatible avec la modernité. A l'origine, ce n'est pas un parti politique, mais une organisation polyvalente dont les cadres se recrutent dans les strates éduquées de la petite et moyenne bourgeoisie. Son goût du secret, exacerbé par les cycles de répression, et son caractère élitaire l'ont fait décrire comme une sorte de franc-maçonnerie, d'internationale islamique ou de groupe fascistoïde animé par la haine des infidèles. Les dirigeants des Frères préfèrent parler d'« entreprise collective, organisée », visant à « restaurer l'islam comme principe directeur de la société », d'un « grand mouvement islamiste modéré » ou encore d'une « école de pensée » ouverte et souple, en expansion constante[1].

Bien qu'ils prétendent guider l'*Oumma*, la communauté des croyants de par le monde, les Frères musulmans n'ont pas le monopole de l'islam. Leur société n'a jamais entraîné derrière elle qu'une

1. La première définition vient de Yousouf al-Qaradawi, *Priorities of the Islamic Movement in the Coming Phase*, Doha 1990 ; les autres sont dues à Youssef Nada, entretien sur Al-Jazira, 2002, et lettre au frère Abou Mohammed, 17 novembre 1995 (la lettre porte les n°s 3111500034 à 3111500037 dans la procédure pénale suisse. Traduction française : Rawdha Cammoun).

fraction de cet univers immense, traversé de courants contradictoires et présentant une multitude de croyances, de dissidences et de rites. Mais les Frères ont porté et inspiré un vaste « Mouvement islamique » dont l'idée force est résumée par ce slogan : « L'islam est la solution. » Plus qu'une religion, l'islam des Frères est une *idéologie* dont les principes doivent s'appliquer dans tous les domaines de la vie – morale personnelle, action sociale, culture, économie et politique. Ses partisans veulent faire de l'islam le guide parfait qui doit diriger l'individu, la société et l'État ; pour cela, il leur faudra mener une réforme « longue, pénible et immense[1] » qui doit commencer par la base, par le peuple. Ces idées ont inspiré la plupart des groupes islamistes contemporains, des plus pragmatiques aux plus extrêmes.

A sa naissance, la société des Frères musulmans ne comptait qu'une poignée de membres. Vingt ans plus tard, ils étaient des centaines de milliers. Cette expansion s'est poursuivie avec l'enracinement aux quatre coins du monde d'organisations inspirées de la leur, qui constituent le « Mouvement islamique » au sens large. Elles ont revêtu des visages différents en fonction des époques, des lieux et des circonstances – structure officieuse mais omniprésente dans le domaine social en Égypte, parti politique légal en Jordanie ou au Pakistan, groupe clandestin en Tunisie, formation armée en Palestine et en Syrie. Cette diversité reflète un principe fondamental : la diffusion du Message *(dawa)* doit s'adapter aux conditions locales, tout en demeurant fidèle à la philosophie des Frères. Une anecdote circulant dans les milieux islamistes laisse entrevoir le succès de cette formule : en 1990, quand l'Arabie Saoudite invita des religieux musulmans afin qu'ils approuvent le recours aux troupes américaines pour défendre le royaume contre l'Irak, ses dirigeants auraient constaté avec déplaisir que les deux tiers de leurs hôtes étaient des Frères[2].

1. Hani Ramadan, « La pensée politico-religieuse de Hassan al-Banna (1906-1949) », mémoire de licence, université de Genève, avril 1984.
2. Entretien avec Abdallah ben Mansour, cadre dirigeant de la Fédération des organisations islamiques en Europe, 27 mars 2005.

Sa souplesse, son endurance, ses réseaux patiemment constitués au niveau international font du Mouvement islamique un acteur central dans l'islam européen. On peut s'en convaincre en observant l'écho que produisent les thèses de l'intellectuel suisse Tariq Ramadan ou du cheikh égyptien Yousouf al-Qaradawi, deux personnalités issues de la tradition des Frères dont le discours touche des millions de personnes. Mais lorsqu'il s'agit de mesurer leur influence en Occident, les Frères et leurs partisans semblent aussi omniprésents qu'indéfinissables. Dans le débat public, leur rôle d'inspirateurs, de guides idéologiques n'est souvent évoqué qu'en passant : on parle de structures ou de personnalités « proches des Frères musulmans », sans préciser ce que ce terme recouvre. Ce flou est en partie dû à l'absence de consensus sur ce qu'est *vraiment* la confrérie. Les services de renseignements occidentaux parlent d'une organisation hiérarchisée, structurée et rompue à l'action clandestine, alors que certains universitaires décrivent une mouvance incohérente, éclatée, minée par les querelles internes. Quitte à puiser une analogie – forcément imparfaite – dans l'histoire européenne, on pourrait comparer les Frères et le Mouvement islamique formé autour d'eux aux ordres monastiques du Moyen Age : ils ont grandi en créant des succursales autonomes, mais qui conservaient avec leurs maisons mères des liens idéologiques, financiers et personnels multiples.

Sur la base de témoignages, d'archives officielles et d'enquêtes judiciaires ouvertes après le 11 septembre 2001, ce livre entend montrer qu'au sein du Mouvement islamique, un noyau dur de penseurs et d'organisateurs a gardé vivant le rêve des origines – faire de l'islam la civilisation dominante et mettre fin à l'hégémonie de l'Occident « matérialiste » sur l'humanité. La stratégie mondiale des Frères a été résumée en un maître plan, connu de quelques initiés sous le nom de « Projet ». Son contenu est l'un des secrets les mieux gardés de l'histoire de l'islamisme. S'il peut être divulgué ici, c'est parce que l'opacité qui a longtemps protégé la confrérie des curiosités extérieures est victime d'un double travail de sape. D'une part, les coups de boutoir policiers portés aux Frères musulmans en Europe et aux États-Unis depuis le 11 septembre ont permis de découvrir des documents d'un intérêt exceptionnel, au premier rang desquels figure le Projet. Ensuite, au contact de l'Occident, la confrérie a entamé une mutation qui l'amène à plus de transparence. La vieille génération des militants arabes cède la place à de nouveaux activistes qui ne partagent plus, ou plus au même degré, l'obsession de leurs aînés pour la dissimulation. A l'heure où les Frères et leurs continuateurs cherchent partout à s'imposer comme l'alternative « modérée » au terrorisme islamiste, il est temps de hâter cette évolution en révélant – enfin – la teneur du Projet.

1

Opération Lago

C'est à la faveur d'une perquisition demandée par la Maison Blanche elle-même que le Projet a été découvert, quelques semaines après les attentats du 11 septembre 2001. L'homme qui a conservé ce document chez lui durant près de vingt ans n'est ni religieux ni idéologue, mais banquier. Dans ce chapitre, nous allons voir comment la stratégie secrète des Frères musulmans est parvenue à la connaissance des gouvernements occidentaux. Et nous allons dévoiler pour la première fois la troublante ambition du Projet : établir un « pouvoir islamique sur toute la terre », par la propagande, la prédication et, s'il le faut, par la guerre.

A une heure de route au nord de Milan, dans les premiers contreforts des Alpes, s'étend un lac aux eaux grises entouré de pentes abruptes et couvertes de forêt. Sur sa rive méridionale, la petite ville de Campione, ancienne possession d'un couvent lombard, forme une enclave italienne de 2,6 km^2 en territoire suisse. On distingue de loin la forme anguleuse du nouveau casino qui confère à cette bourgade de 2400 habitants un air de Hong Kong miniature. Sous ses apparences paisibles, ce lieu est aussi l'une des lignes de front de la guerre américaine contre le terrorisme.

La nuit est tombée sur l'Europe lorsque, le 7 novembre 2001, George W. Bush fait son apparition dans le bâtiment de verre du FinCEN, l'agence fédérale de lutte contre les crimes financiers basée dans la banlieue de Washington. Devant les télévisions du monde entier, le président des États-Unis annonce que le combat contre Oussama ben Laden ne se limite plus aux bombes qui, au même moment, pleuvent sur les citadelles afghanes d'Al-Qaida :

> Ceci n'est pas seulement une guerre de soldats et d'avions. Nous la menons par la diplomatie, les enquêtes criminelles, la récolte de renseignements, et en coupant les fonds aux terroristes[1].

En entravant les activités de ceux qui leur procurent de l'argent, « nous perturbons le travail des meurtriers », conclut le président. Parmi ces financiers du terrorisme, George Bush cite un nom : celui de la banque Al-Taqwa, « la crainte de Dieu[2] », dont les principaux dirigeants résident à Campione.

De l'autre côté de l'Atlantique, la première phase de l'« opération Lago » est déjà terminée. Au petit matin, les carabiniers italiens ont encerclé, mitraillettes au poing, deux villas campées sur les hauteurs verdoyantes de Campione. La première semble sortie d'un film de James Bond : c'est un complexe de pierre jaune pâle doté de terrasses et de cours intérieures, qu'entourent de grands arbres. Passé le portail à visiophone qui en défend l'accès, le visiteur se trouve face à un rideau de métal qui s'ouvre parfois pour laisser passer des silhouettes voilées de blanc. Ce sont la fille et la femme du maître des lieux, Ali Ghaleb Himmat, un Syrien dont le menton carré s'orne d'une barbe discrète. Au moment du raid policier, il a soixante-trois ans. Divers services de renseignements européens le considèrent, malgré ses démentis répétés, comme l'un des principaux responsables des Frères musulmans en Europe.

Quelques centaines de mètres plus loin, des murs et une grille intimidante munie de caméras de surveillance protègent une seconde villa des regards indiscrets. Sa position en nid d'aigle lui procure une vue imprenable sur les montagnes et le lac en contrebas. Son

1. Reuters, 7 novembre 2001.
2. Il existe plusieurs traductions de ce terme, notamment « la piété » ou encore « la pureté de l'âme ». Entretien avec Youssef Nada, 1er juillet 2005.

propriétaire, Youssef Nada, est un Égyptien au regard vif, né en 1931 à Alexandrie, qui porte à merveille le nœud papillon et les costumes à rayures. Il est le directeur de la banque Al-Taqwa, et la bonne société locale qu'il reçoit chez lui le sait millionnaire.

Tandis que l'on fouille sa maison, Nada subit un long interrogatoire à Lugano, ville suisse située à quelques minutes de bateau de Campione. Il apprend que tous ses biens, toute sa fortune sont désormais saisis dans le cadre de la « guerre contre le terrorisme ». La vie prospère de Youssef Nada, banquier et émissaire secret des Frères musulmans, vient de basculer.

Le mystère de la banque Al-Taqwa

Le soir venu, policiers et magistrats laissent Nada et Himmat seuls dans leurs grandes maisons. Le même jour, d'autres perquisitions ont eu lieu en Suisse et au Liechtenstein, un paradis fiscal lové entre le Rhin et l'Autriche. Toutes visent la société financière que dirigent les deux hommes, Al-Taqwa. Ses bureaux sont à Lugano, mais ses activités bancaires se mènent par le biais d'une structure *offshore* – plaque de cuivre et boîte aux lettres – située aux Bahamas. L'enquête sur cette insaisissable entité va révéler un pan caché de l'histoire de l'islamisme en Occident, où le tandem Nada-Himmat et les Frères musulmans jouent un rôle central.

Al-Taqwa et ses dirigeants ont attiré une première fois l'attention des agences de renseignements occidentales au cours des années 90. Une cassette vidéo des Groupes islamiques armés (GIA) algériens avait alors circulé avec l'adresse d'une société, la Gulf Company, que dirigeait un associé de la banque. Les services italiens s'étaient penchés sur d'autres activités de cet homme, Ahmed Idriss Nasreddin. Ils avaient jugé curieux ses envois en Bosnie, alors plongée dans la guerre civile, de légumes facturés à des prix exorbitants. Ils avaient aussi constaté qu'il payait le loyer du Centre islamique de Milan, dirigé jusqu'en 1995 par un membre du groupe armé égyptien Gamaa islamiya. Un rapport de la CIA avait décrit Al-Taqwa comme un établissement lié au terrorisme, ce que ses dirigeants avaient contesté avec vigueur. Puis, après quelques apparitions dans les médias [1], Al-Taqwa avait commencé à perdre beaucoup d'argent. Mais les autorités suisses, qui jugeaient trop ténus les soupçons visant la banque et ses dirigeants, n'avaient pas ouvert d'enquête digne de ce nom.

Au lendemain des attentats de New York et de Washington, l'Amérique porte de nouvelles accusations contre Al-Taqwa. Le 7 novembre 2001, la Maison Blanche déclare que la société a prodigué des « conseils financiers et des services de transfert de fonds » à Al-Qaida et d'autres groupes islamistes radicaux. Peu après, une lettre adressée à la Suisse par le département américain du Trésor affirme qu'Al-Taqwa, fondée en 1988 « avec un appui significatif des Frères musulmans égyptiens », a financé le Hamas palestinien, le Front islamique du salut et les GIA en Algérie, ainsi que le mouvement islamiste tunisien Ennahdah.

La lettre précise que la société aurait recueilli dans ses bureaux de Malte et de Lugano des fonds venus du Koweït et des Émirats arabes unis, qui étaient destinés à Al-Qaida. En octobre 2000, Al-Taqwa aurait débloqué une « ligne de crédit clandestine pour un proche associé d'Oussama ben Laden » grâce à un stratagème sophistiqué :

> Ce lieutenant de Ben Laden avait une ligne de crédit dans une institution financière du Moyen-Orient, qui retirait [l'argent] d'un numéro de compte similaire auprès de la banque Al-Taqwa. Contrairement aux autres comptes – même ceux des clients privés –, celui-ci était bloqué par le système informatique et il fallait des privilèges spéciaux pour y avoir accès. Aucun nom identifiable n'était associé à ce compte [2].

1. Voir notamment Richard Labévière, *Les Dollars de la terreur*, Paris, Grasset, 1997.

2. Lettre de George B. Wolfe du département américain du Trésor au procureur général adjoint Claude Nicati (Suisse), datée du 4 janvier 2002, « Re: Al-Taqwa/Nada Management organization ».

De l'aveu même des Américains, ces informations proviennent des services de renseignements, donc de sources confidentielles. Par conséquent, leur véracité ne sera sans doute jamais démontrée, d'autant que Youssef Nada les dément de façon catégorique :

> Je suis un ingénieur, banquier, homme d'affaires, activiste, intellectuel, politicien... Je suis un islamiste, oui... mais un terroriste, pas question ! Ce n'est pas ma façon de penser. Les Frères musulmans sont pacifiques, tolérants. Nous n'avons rien à voir avec Oussama ben Laden. Notre ligne est complètement différente. Nous sommes contre la violence[1].

Qu'était donc Al-Taqwa ? Pour le gouvernement américain, un « empire financier » lié aux Frères musulmans et impliqué dans le « soutien aux activités terroristes ». Pour la justice suisse, une sorte de fondation islamiste qui a perdu trop d'argent en trop peu de temps pour être parfaitement honnête[2]. Ses administrateurs ont une explication plus rassurante. L'un d'eux, Ahmed Huber, est un Suisse truculent et bavard qui s'est converti à l'islam en 1963. Admirateur déclaré de l'ayatollah Khomeyni, il a été exclu du Parti socialiste helvétique pour « révisionnisme » et « antiféminisme ». Il se vante ouvertement de ses contacts avec le Front national français et le parti d'extrême droite allemand NPD. Selon lui, Al-Taqwa était une inoffensive « organisation d'aide au développement » qui recevait des dons de riches mécènes du Golfe et les investissait dans des projets humanitaires, notamment en Afrique. Les Bahamas étaient « l'antichambre où le fric rentrait[3] ».

Un éminent islamiste libanais, le cheikh Fayçal Maulaoui, explique qu'Al-Taqwa a longtemps servi de caisse d'épargne à diverses composantes du Mouvement islamique gravitant autour

1. Entretien avec Youssef Nada, 13 juillet 2004.
2. Entretien avec le procureur fédéral Claude Nicati (Suisse), 30 mars 2005.
3. Entretien avec Ahmed Huber, 24 octobre 2002.

des Frères musulmans. Ces groupes y plaçaient des fonds pour qu'ils soient gérés en conformité avec la *charia*, la loi islamique, qui interdit notamment le versement d'intérêts :

> A l'époque, la présence de banques islamiques était très limitée dans le monde arabe. La banque travaillait d'une façon islamique, et le Mouvement islamique du Liban avait placé à peu près 100 000 dollars chez Al-Taqwa. Nous touchions des dividendes d'environ 7 000 dollars par an. Lorsque la banque a fait faillite, l'argent a été perdu. Quant aux accusations de terrorisme portées contre Al-Taqwa, je pense qu'elles sont fausses, complètement fausses [1].

Grâce à sa philosophie « islamiquement correcte », Al-Taqwa avait accumulé des fonds importants : plus de deux cents millions de dollars, qui provenaient surtout d'aristocrates et de religieux des pays du Golfe [2]. En plus de ses fonctions de gestionnaire, la société soutenait financièrement des institutions islamistes – universités, mosquées, fondations – en Europe, aux États-Unis et dans le monde musulman. Parmi les bénéficiaires de ses subsides, les enquêteurs citent la Fondation islamique de Leicester, en Grande-Bretagne, et l'institut américain WISE, proche du Jihad islamique palestinien [3]. Selon Fayçal Maulaoui, la banque a sombré lors de la crise monétaire asiatique de 1998, après un investissement malheureux dans une fabrique de textile en Malaisie. Lorsqu'elle a été mise en liquidation, fin 2001, ses pertes se montaient à quelque 75 millions de dollars.

Début 2005, trois ans et demi après les perquisitions, l'enquête concernant Al-Taqwa a été classée faute de preuves. Des deux côtés de l'Atlantique, certains enquêteurs admettaient ne pas disposer

1. Entretien avec Fayçal Maulaoui, 27 février 2005.
2. Entretien avec Mushtak Parker, *Islamic Banker Magazine*, 21 novembre 2001.
3. Entretien avec Claude Nicati, 30 mars 2005.

d'éléments démontrant un soutien direct de la société à des activités terroristes. Mais l'opération Lago a tout de même donné des résultats intéressants. Sur les hauteurs de Campione, les enquêteurs ont exhumé une foule de souvenirs issus de la riche histoire des Frères musulmans : une photo montrant Youssef Nada, souriant et élégamment vêtu, s'apprêtant à serrer la main du président irakien Saddam Hussein ; deux pistolets destinés, selon Nada, à se défendre contre les espions qui pourraient s'en prendre à sa vie ; une cassette vidéo – hautement intéressante, nous le verrons – relatant le voyage d'une délégation des Frères en Afghanistan. Les documents saisis lors des perquisitions pourraient remplir une pièce entière. Leur analyse a pris du temps, mais elle a porté ses fruits, si l'on en croit une note confidentielle des enquêteurs :

> [...] L'enquête Al-Taqwa (opération Lago) révèle plus que de simples transferts d'argent de et vers la Suisse. En fait, les tonnes de documents trouvés chez Youssef Nada (directeur des structures Al-Taqwa) et Ali Ghaleb Himmat (son second) confirment aussi le rôle joué par les Frères musulmans dans l'inspiration et le soutien – direct ou indirect – à l'islam radical dans le monde entier[1].

En effet, parmi les « tonnes » d'écrits, de lettres et de notes manuscrites trouvés le 7 novembre 2001, les enquêteurs suisses ont découvert le Projet. Il montre qu'Al-Taqwa a servi de réceptacle aux desseins politiques les plus secrets des Frères musulmans.

Ce que dit le Projet

Les quatorze pages du Projet ont été découvertes dans la villa de Youssef Nada sous forme de notes éparses que les enquêteurs

1. Fedpol.ch (Police fédérale suisse), « War against terror : swiss contribution – State of the swiss investigations ». Le document n'est ni signé, ni daté.

ont dû reconstituer. La transcription utilisée ici – qui est reproduite intégralement en annexe – figure dans la procédure judiciaire suisse concernant la banque Al-Taqwa sous les numéros 4100400027 à 41004000040. Intitulé « Vers une stratégie mondiale pour la politique islamique », ce document en langue arabe, daté du premier décembre 1982, est tapé à la machine. Son auteur a voulu demeurer anonyme et le Projet ne porte pas de signature. Il débute par ces mots :

> Au Nom de Dieu
> Rapport s/5/100 [...]
> Ce rapport présente une vision globale d'une stratégie internationale pour la politique islamique. Selon ses lignes directrices, et en accord avec elles, les politiques islamiques locales sont élaborées dans les différentes régions. [...]

Le texte suit un découpage rigoureux en « points de départs », « éléments » et « exigences procédurales ». Il évoque l'importance d'adopter une « méthodologie scientifique dans la planification » et d'« effectuer le travail avec sérieux » en alliant « l'engagement international avec la flexibilité locale ». Il définit le but ultime que doit poursuivre la « politique islamique » :

> S'employer à établir l'État islamique, parallèlement à des efforts progressifs visant à contrôler les centres de pouvoir locaux par le travail institutionnel.

Cet objectif est formulé à plusieurs reprises, parfois en des termes légèrement différents. Ainsi, au « cinquième point de départ », le document mentionne deux « éléments » :

> 1 – Canaliser la pensée, l'éducation et le travail afin d'établir un pouvoir islamique sur terre.
> 2 – Influencer les centres de pouvoir locaux et mondiaux au service de l'islam.

Le thème de l'État islamique mondial et de la mise sous influence des « pouvoirs locaux » revient dans un passage consacré aux « procédures » :

> 1 – Préparer une étude scientifique sur la possibilité d'établir le règne de Dieu partout dans le monde selon des priorités établies.
> 2 – Étudier les centres de pouvoir locaux et mondiaux, et les possibilités de les placer sous influence.
> 3 – Conduire une étude moderne sur le concept de soutien à la *dawa*[1] islamique et à la loi islamique, et plus particulièrement sur les hommes influents dans l'État et le pays.

Le document ne se borne pas à définir un objectif utopique, il expose une méthode « scientifique » pour l'atteindre. D'abord, il faut encourager les membres à participer à la vie politique du lieu où ils résident :

> Le quatrième point de départ : [...]
> Inviter tout le monde à participer aux conseils parlementaires, municipaux, syndicaux et à d'autres institutions [choisies] par le peuple, dans l'intérêt de l'islam et des musulmans [...]
> Construire des institutions sociales, économiques, scientifiques et médicales, et pénétrer le domaine des services sociaux pour être en contact avec le peuple [...].
> Étudier les environnements politiques divers et les probabilités de réussite dans chaque pays.

1. *Dawa* : littéralement appel, exhortation, travail de propagation de la foi islamique. Le terme, parfois traduit en français par le mot « message », est employé par les Frères pour décrire leur activité religieuse et politique. La traduction du Projet présentée ici – et en annexe pour l'intégralité du texte – est due à Rawdha Cammoun.

Ensuite, il faut nouer des alliances, à la fois avec les autres « groupes islamiques » et les forces politiques non-islamiques :

> Le sixième point de départ :
> Travailler loyalement avec les groupes islamiques et les institutions islamiques dans différents domaines, et en s'accordant sur un terrain d'entente – « nous coopérons dans les domaines où nous sommes d'accord, et nous nous excusons mutuellement sur les points de désaccord ». [...]
> Coordonner le travail islamique dans une seule direction pour qu'il permette de jeter les bases de la croissance de la société musulmane et de consacrer le pouvoir de Dieu sur terre. [...]
> Le septième point de départ :
> Accepter le principe d'une coopération provisoire entre les mouvements islamiques et les mouvements nationaux, sur des problèmes de nature générale et certains points ne présentant pas de motifs de désaccord, tels que la lutte contre le colonialisme, l'activité missionnaire chrétienne, l'État juif, sans pour autant former des alliances. [...] Le mouvement islamique doit prendre l'initiative et être le guide.

Le « mouvement » évoqué ici doit faire preuve de prudence et éviter une confrontation qui pourrait encourager ses ennemis à lui porter un « coup fatal ». Il doit recourir à l'autocritique pour améliorer son efficacité, « faire évoluer les programmes d'initiation des adeptes » et « préparer les individus selon des méthodes éducatives modernisées ». Ses militants doivent se baser sur « les faits et les statistiques » pour faire avancer leurs idées. Pour cela, il faut, selon le « dixième point de départ » :

> S'aider des systèmes de surveillance divers et variés, dans plusieurs endroits, pour recueillir des informations et adopter une communication avertie et efficace, à même de servir le mouvement islamique mondial.

Ce « système de surveillance », doublé d'un « centre médiatique efficace et sérieux », devra « mettre en garde les musulmans sur les dangers qui les menacent et les complots internationaux fomentés à leur encontre ». La stratégie définie par le Projet comprend aussi un élément moins pacifique, celui du *jihad*, la Guerre sainte :

> Le neuvième point de départ :
> Construire en permanence la force de la *dawa* islamique et soutenir les mouvements engagés dans le *jihad* dans le monde musulman, à des degrés divers et autant que possible.
> Éléments :
> Protéger la *dawa* avec la force nécessaire pour garantir sa sécurité à l'échelle locale et mondiale.
> Entrer en contact avec tout nouveau mouvement engagé dans le *jihad* où qu'il soit sur la planète, et avec les minorités musulmanes, et créer des passerelles, selon les besoins, pour les soutenir et établir une collaboration.
> Maintenir le *jihad* en éveil dans la communauté des croyants *[Oumma]*.

La mission ainsi esquissée est double : il faut garantir la sécurité physique de l'organisation et créer des liens avec les mouvements islamiques armés partout dans le monde. La priorité doit aller au combat contre Israël en Palestine :

> Le onzième point de départ :
> Adopter la causc dc la Palestine, au niveau islamique mondial, sur le plan politique et sur celui du *jihad*, car il s'agit de la clé de la renaissance du monde arabe d'aujourd'hui.
> [...]
> Préparer la communauté des croyants au *jihad* pour la libération de la Palestine [...]

> Recueillir suffisamment de fonds pour perpétuer le *jihad*. [...]
> Créer des cellules du *jihad* en Palestine [...]
> Nourrir le sentiment de rancœur à l'égard des juifs et refuser toute coexistence [avec eux].

L'aspect militaire du Projet ne doit pas empêcher de nouer « un dialogue au niveau local avec ceux qui travaillent pour la cause [palestinienne] ». Ce dialogue doit respecter « la ligne politique générale du mouvement », mais il appartient aux « directions locales » d'en définir les modalités et les limites.

L'ambition de cette stratégie est à l'échelle du Mouvement islamique tout entier : le Projet pose les bases d'une politique *mondiale* dont la philosophie est par essence pragmatique, puisqu'elle laisse une liberté de manœuvre aux groupes locaux et envisage une coopération avec les forces non islamiques qui partagent certains buts de la confrérie.

Certes, il serait faux d'interpréter l'histoire récente de l'islamisme à la lumière du seul Projet. Selon Youssef Nada, chez qui le texte a été trouvé, il ne s'agit pas d'un document officiel des Frères musulmans. Ses auteurs seraient des « chercheurs islamiques » dont il ne veut pas révéler le nom[1]. Mais le Projet est une expression significative de l'idéologie dominante chez les Frères. Certains passages ont d'ailleurs une qualité prémonitoire : les attentats du Hamas, la branche militaire des Frères en Palestine, n'ont commencé qu'en 1987, alors que le Projet envisageait la préparation d'actions violentes contre Israël cinq ans auparavant. L'importance accordée au concept de Guerre sainte pour défendre les musulmans partout dans le monde préfigure le rôle joué par les Frères dans la lutte contre les Soviétiques en Afghanistan, puis leurs relations ambiguës avec les terroristes d'Al-Qaida et d'autres groupes islamistes radicaux.

Le Projet est un document réservé à l'élite dirigeante des Frères musulmans. Son gardien, Youssef Nada, a admis lors d'un entre-

1. Entretien avec Youssef Nada, 1er juillet 2005.

tien accordé à la chaîne de télévision Al-Jazira avoir été durant des années le « délégué aux relations internationales » de la confrérie[1]. L'importance du Projet et les fréquentes mentions qu'il fait du *jihad* expliquent en partie le sort kafkaïen réservé à Youssef Nada et Ghaleb Himmat. De 2001 à 2005, ils ont été poursuivis par la justice suisse pour « participation ou soutien à une organisation criminelle ». Ils n'ont pas été placés en détention, car leur dossier ne contenait pas de preuves formelles de leur participation à des entreprises terroristes. Mais ils ont été soumis à un régime inhabituel de liberté surveillée. Les sanctions de l'ONU contre les personnes soupçonnées de liens avec Al-Qaida leur interdisent de traverser une frontière internationale. Cela contraint les deux hommes à demeurer en permanence à l'intérieur de la minuscule enclave de Campione, sans jamais franchir la frontière qui la sépare de la Suisse. Leur situation évoque celle du héros de la série télévisée *Le Prisonnier*, condamné à ne jamais sortir du Village tranquille mais inquiétant où l'ont enfermé des tortionnaires invisibles. Conjuguée aux interrogatoires et au gel de leurs avoirs décrété par l'ONU, cette mesure semble avoir eu un effet désastreux sur le psychisme des suspects. En mai 2004, Youssef Nada expliquait d'une voix d'outre-tombe être devenu une sorte de zombie :

> Je suis complètement mort. Je ne réagis plus à rien. Je n'existe plus. Tout ce que j'ai construit a été balayé. Je ne peux pas faire plus de dix kilomètres hors de chez moi. Ils n'ont pas les preuves nécessaires pour transmettre mon dossier à un tribunal, mais s'ils arrêtent l'enquête, ils vont déplaire aux Américains[2].

1. Interview de Youssef Nada diffusée sur Al-Jazira, « Les témoins du siècle », transcription obtenue sur le site Internet de la chaîne, 2 octobre 2002. Traduction : Rawdha Cammoun.
2. Entretien avec l'auteur, 17 mai 2003. L'enquête a finalement été classée en mai 2005.

Autrefois riches, Nada et Himmat ne perçoivent plus qu'une maigre rente allouée par le gouvernement suisse avec l'aval de l'ONU. Youssef Nada s'en est plaint amèrement :

> Je n'ai plus rien aujourd'hui. Je peux vous dire que je n'ai pas de quoi acheter cinq kilos de farine... ils ne m'ont rien laissé. Que Dieu nous préserve, et j'essaie de me préserver pour les jours qui me restent à vivre[1].

Mais le banquier islamiste ajoute que la vraie cible de la procédure judiciaire ouverte contre lui et son associé sont les Frères musulmans :

> Je ne suis qu'une ligne dans cette grande encyclopédie que sont les Frères musulmans. Oui, les Frères musulmans sont la véritable cible de cette enquête. Je suis en relation avec les Frères depuis plus d'un demi-siècle, ce n'est pas un secret, c'est un honneur pour moi, le plus grand honneur que j'ai eu dans ma vie. Nous sommes un groupe hors du commun. Nous ne sommes pas une organisation mais une communauté. [...] Cette communauté est devenue une pensée, et cette pensée se répand partout[2].

Pour Youssef Nada, l'enquête qui le vise à ce moment-là fait partie d'un « complot » contre l'infrastructure des Frères, lui-même présage d'une grande frappe contre l'ensemble des mouvements islamistes. L'Égyptien a conclu son apparition sur Al-Jazira par une dernière protestation d'innocence, et une attaque contre ses accusateurs : « Ils n'ont pas peur de moi, mais de l'islam. »

1. Interview de Youssef Nada sur Al-Jazira, *op. cit.*
2. *Ibid.*

2

Agents secrets

La découverte du Projet renforce les craintes que les services de renseignements occidentaux nourrissent depuis longtemps au sujet des Frères musulmans. Certains responsables de ces services livrent ici leur interprétation de ce texte : ce n'est pas un exposé théorique, mais une «feuille de route» qui a été mise en œuvre dans le monde réel. C'est ce que confirme un second document, la «Stratégie financière des Frères musulmans» : elle révèle que les Frères ont établi, dans les années 70, un ensemble d'institutions bancaires basées dans plusieurs pays européens. Ce réseau, qui a bénéficié de fonds très importants venus des monarchies du Golfe, a été placé au service du Projet.

Quelque part en Europe du Nord, dans un austère immeuble administratif, se trouve un bureau rangé avec soin où l'on remarque, mis en évidence sur une étagère, un portrait d'Oussama ben Laden. L'occupant de cette pièce est l'un de ces combattants de l'ombre qui, depuis le 11 septembre 2001, passent leurs journées et une partie de leurs nuits à traquer le chef d'Al-Qaida et ses partisans dans le monde. Il est aussi l'un des rares spécialistes occidentaux à avoir analysé en détail le Projet. Son importance est, à ses yeux, cruciale :

> C'est une idéologie totalitaire d'infiltration qui représente, à terme, le plus grand danger pour les sociétés européennes.

Dans les mois qui ont suivi les perquisitions à Campione, des copies du Projet ont circulé au sein d'un cercle restreint de fonctionnaires antiterroristes en Europe et aux États-Unis – cinq personnes au maximum, plus une vingtaine d'autres qui, mises dans la confidence, ont pu lire une traduction du document. L'homme au bureau bien rangé est l'un de ces initiés. Comme tous les membres de la corporation des agents secrets, il ne peut s'exprimer à visage découvert et sera désigné ici sous le pseudonyme de « Franz ». Franz a un passé militaire, des cheveux ras, et croit fermement aux valeurs du « monde libre » qu'on appelait aussi, au début de sa carrière, l'« Occident chrétien ». Engagé dans les services de renseignements de son pays à la sortie de l'université, il a étudié les groupes d'extrême gauche et leurs relations avec le bloc soviétique. Il garde de cette époque une méfiance viscérale envers les mouvements qui veulent renverser l'ordre établi au nom d'une utopie salvatrice. Il relève d'ailleurs des points communs entre les organisations marxistes et les Frères musulmans :

> Les années 1970-1980 ont été une époque de flamboiement du communisme. Cela a peut-être inspiré les Frères, en les poussant à adopter une stratégie de « marche dans les institutions » qui était celle de nombreux mouvements de gauche à cette époque.

Dans le milieu des services d'espionnage et de sécurité – ce que l'on appelle outre-Atlantique la « communauté du renseignement » –, Franz est connu comme l'un des meilleurs spécialistes des groupes voués au *jihad*, ce qui lui vaut d'être toujours reçu en grande pompe lorsqu'il se rend aux États-Unis. Selon lui, la découverte du Projet est une avancée majeure pour la compréhension du phénomène islamiste :

> Avant, le Projet, c'était un peu comme le yéti – on supposait qu'il existait sans l'avoir jamais vu. Nous pensions qu'une

stratégie générale des Frères musulmans circulait sous le manteau. La perquisition chez Nada nous a apporté la preuve qui nous manquait. Nous ignorons qui a rédigé ce document, et à quelle date exactement. Mais il est certain que ce n'est pas un papier de réflexion sans importance : c'est une feuille de route, doublée d'une volonté réelle de l'appliquer. Ce plan est important parce qu'il a été partiellement mis en œuvre, avec un certain succès.

Franz pense qu'Al-Taqwa fait partie d'une « structure globale » de soutien aux mouvements islamistes radicaux mise en place dans les années 70. Un document figurant dans la procédure suisse révèle l'ancienneté et l'ampleur de ce système. Signée par deux Frères utilisant les pseudonymes de « Abou Amr » et « Abou Hisham », cette « Stratégie financière des Frères musulmans » décrit le réseau de banques établi en Europe avant la création d'Al-Taqwa, en 1988. Elle souligne l'importance pour la confrérie de disposer d'une base financière solide :

> Toute *dawa* [...] doit posséder les fondations économiques fournissant les ressources financières qui la protègent des soubresauts sur le front politique, et la rendent moins dépendante des paiements charitables individuels. Cette base offre aussi un champ d'entraînement des ressources humaines pour la Société [des Frères musulmans][1], dans différents domaines économiques et techniques. En outre, il sera facile d'utiliser cette base économique comme un paravent qui ne pourra pas être aisément infiltré par les activités politiques[2].

1. *Gamaat* : « association » ou « société » ; appellation fréquemment utilisée pour désigner les Frères musulmans.
2. « Stratégie financière des Frères musulmans », document en anglais, daté d'Abou Dhabi, 30e jour du mois de ramadan 1403 (1983). Une traduction du document est donnée en annexe. Les originaux sont numérotés 1104800199 à 1104800204 dans la procédure judiciaire suisse.

Selon ce document, les Frères musulmans ont créé leur première banque sous forme de société holding au Luxembourg, en 1977, « en raison des difficultés à obtenir une licence bancaire dans d'autres pays européens ». Cette unité contrôlait la Banque islamique internationale de Copenhague, au Danemark, les Consultants internationaux, basés à Londres et au Caire, une société des îles Caïmans nommée Islamic Investment House, trois autres compagnies actives dans la finance et les assurances, enfin « certains projets de production en Europe et en Égypte ». Le capital de la maison mère luxembourgeoise était de 100 millions de dollars, ce qui donne une idée des ressources financières dont disposaient les Frères musulmans.

Les actionnaires étaient le ministère des Cultes *(Waqf)* des Émirats arabes unis, la Kuwait Investment House, le groupe financier Al-Baraka, et des membres des Frères musulmans à Abou Dhabi. Le texte précise que les actions du ministère des Émirats sont « considérées comme étant sous le contrôle de la Société » et que les Frères disposent d'une présence importante dans la direction de la banque luxembourgeoise. Cela leur permet d'« influencer » et de « manipuler », selon les termes du document, une structure n'ayant pas de liens formels avec eux. Le réseau ainsi constitué poursuivait des objectifs à la fois financiers et politiques :

> a) Créer une couverture légale pour les investissements à court terme de la Société. Il garde secrètes ses transactions financières, car il présente des garanties de sécurité contre l'observation [extérieure].
> b) Il élargit le champ des alternatives islamiques [et applique] les idées de la Société dans le domaine des finances et de l'économie.
> c) Il permet de disposer d'un excellent portefeuille d'investissement sous un contrôle religieux strict représenté par les membres du conseil et l'assemblée générale. La nature variée des unités de la banque satisfera tous les besoins d'in-

vestissements des individus dans le court, moyen et long terme.

d) C'est un bon instrument pour réaliser de nombreux projets nécessaires pour la Société et ses membres.

e) C'est un bon instrument pour former le personnel de haut niveau économique, financier et technique, dans le cadre du plan de la Société. De plus, l'expansion des activités de la banque conduira à l'absorption de très nombreux membres spécialisés de la Société dans ses différents départements.

Il faut relever la mention, au dernier paragraphe, du « plan de la Société » : elle semble faire allusion au Projet dont la rédaction, en décembre 1982, est de peu antérieure à celle de la « stratégie financière ». Ces deux textes démontrent l'existence au sommet de la confrérie d'une organisation bien financée, secrète, dont le travail au service du Projet a commencé il y a des décennies – sans doute lors d'une réception donnée sur les hauteurs de Campione, dans la villa en nid d'aigle de Youssef Nada.

L'origine du Projet, et sa perpétuation

Le 15 janvier 2003, en début d'après-midi, le vol LX 34 en provenance de Zurich se pose à l'aéroport de Dulles, près de Washington. Quelques minutes plus tard, les douanes américaines interceptent l'un des passagers, Soliman Biheiri. Il est égyptien et travaille comme banquier itinérant au service d'un établissement du Liechtenstein. Il connaît les créateurs du réseau financier des Frères musulmans en Europe pour les avoir rencontrés en Suisse, au début des années 80. Interrogé durant plus de quatre heures dans une salle de conférence de l'aéroport, Biheiri livre aux enquêteurs des douanes un témoignage crucial, qui permet de comprendre comment est né le Projet :

> [Biheiri] a expliqué que la Banque islamique internationale a été imaginée par Gamal Attia dans son bureau de Luxembourg en 1981, mais son quartier général et son bureau opérationnel étaient au Danemark. La BII était la première banque islamique basée en Europe. Biheiri a expliqué que la structure de la banque islamique a été conçue par Attia et Abou Saoud[1] lors d'un dîner en Suisse en 1978.
> [...] Biheiri a dit avoir entendu parler d'une fameuse conférence islamique à Lugano, Suisse, en 1979, concernant les problèmes de l'*Oumma* musulmane. Il pense que cette conférence s'est tenue dans la maison de Nada et que de nombreuses personnalités importantes du monde musulman y ont participé. Il a expliqué que la conférence a fourni un programme *[blueprint]* pour la plus grande partie du mouvement islamique dans les années 80[2].

La fin des années 70 semble avoir été une période d'effervescence idéologique chez les Frères musulmans. D'autres documents secrets circulaient parmi leurs membres, et leur contenu était parfois semblable à celui du Projet. L'un des meilleurs spécialistes de cette littérature clandestine est un homme rond et jovial, Reuven Paz, qui vit dans une station balnéaire proche de Tel-Aviv. Pendant vingt-trois ans, il a dirigé le département d'analyse du Shin Beth, le service antiterroriste israélien. Il a ainsi fait connaissance avec la pensée politique des Frères musulmans :

> A cette époque, j'ai eu entre les mains un texte long d'une trentaine de pages environ, qui avait été introduit dans les territoires palestiniens occupés par Israël depuis la Jordanie. Il

1. Deux membres importants des Frères musulmans *(NdA)*.
2. Département américain du Trésor, Service des douanes, « Report or investigation/Interview of Soliman Biheiri », 14 juillet 2003. Soliman Biheiri a ensuite été condamné à un an de prison pour avoir donné de faux renseignements lors de sa procédure de naturalisation aux États-Unis.

> parlait d'infiltration dans les États arabes séculiers, mais aussi dans les communautés musulmanes d'Occident. C'est vrai qu'il y a des ressemblances avec l'idéologie communiste, parce que leur objectif principal, c'est le peuple[1].

La « bible » officielle des Frères en matière de pénétration des sociétés non-musulmanes est un ouvrage publié à Beyrouth en 1979, *La Culture et les Qualités de l'armée de Dieu*, par Saïd Hawwa. Il décrit les méthodes qui conviennent au « *jihad* politique dans les pays infidèles ». Ainsi, le Projet n'est pas un texte isolé, mais s'inscrit dans une réflexion plus large des Frères. Reuven Paz pense que le document découvert en Suisse est un élément d'une stratégie plus ancienne :

> Ce Projet fait partie de la charte de l'organisation internationale des Frères musulmans, qui a été établie officiellement le 29 juillet 1982. Il reflète un vaste plan qui remonte aux années 60, avec l'immigration d'intellectuels Frères musulmans, principalement des Syriens et des Égyptiens, en Europe. Avant l'été 1982, ils avaient déjà réussi à établir un réseau de « centres culturels » à Genève, Munich, Londres, Vienne... L'idée de l'organisation internationale vient notamment de Saïd Ramadan[2], qui voulait déplacer le centre de gravité des Frères musulmans vers l'Europe et l'Amérique du Nord.

Le Guide Muhammad Akef, chef suprême des Frères musulmans, présente la même histoire sous un jour différent :

> A partir du milieu des années 50 jusqu'aux années 60 et après, la confrérie s'est implantée en Europe ; non seulement il y avait des Frères en Europe, mais il y avait une confrérie. Son

1. Entretien avec Reuven Paz, 5 novembre 2004.
2. Le père de Tariq et Hani Ramadan.

> influence a augmenté après la prise du pouvoir par Nasser [en 1952] et la répression contre la confrérie qui s'en est suivie en Égypte. Beaucoup de Frères ont trouvé refuge en Europe, et ils ont travaillé ensemble pour former des réseaux, des organisations et des institutions de la confrérie[1].

Le Guide dément qu'il existe une « organisation internationale » des Frères musulmans ou un Projet qui l'inspirerait : il parle seulement d'une « série de règlements qui régissent les relations des organisations et des institutions des Frères au niveau international ». En revanche, selon Franz, l'agent secret européen, les options stratégiques décrites dans le Projet ont réellement influencé les actions des Frères musulmans, à la fois en Occident et dans le monde islamique. Malgré le démantèlement d'Al-Taqwa après les attentats du 11 septembre 2001, il pense que les Frères représentent toujours un danger :

> Ils veulent prendre le meilleur de l'Occident, mais pour eux il est évident que la seule vraie civilisation, c'est l'islam. Le Projet, ce sera un danger dans dix ans : on va voir émerger en Europe la revendication d'un système parallèle, la création de « parlements musulmans », ce qui existe déjà en Grande-Bretagne... Commencera alors la lente destruction de nos institutions, de nos structures.

A Washington, Juan Zarate est l'un des rares responsables gouvernementaux à pouvoir s'exprimer publiquement sur les Frères musulmans. Ce jeune haut fonctionnaire travaille à la Maison Blanche, dans les bureaux réservés au Conseil national de sécurité américain. Aux États-Unis, les enquêtes visant les Frères musulmans et leurs structures financières ont été menées sous sa

1. Entretien avec Muhammad Akef, 29 mars 2005. Cette interview a été réalisée par Jano Charbel.

responsabilité. Il voit dans le Projet, qu'il appelle le « maître plan » des Frères, une volonté d'« expansion de leur idéologie politique » qui s'est traduite par un soutien effectif à l'islamisme radical :

> La désignation de Youssef Nada comme un partisan du terrorisme, en 2001, signale le rôle que les Frères musulmans, ou en tout cas certains de leurs plus hauts responsables, ont joué dans le soutien aux causes extrémistes. Les Frères musulmans sont un groupe qui nous inquiète, parce qu'ils ne s'occupent pas seulement de problèmes philosophiques ou idéologiques, mais qu'ils défendent l'usage de la violence contre des civils[1].

Quelques jours avant les perquisitions de novembre 2001 à Campione, les Américains ont envoyé une équipe d'enquêteurs aux Bahamas, paradis fiscal des Caraïbes où se trouvait le cœur financier du groupe Al-Taqwa. Selon Juan Zarate, les documents comptables découverts à cette occasion démontrent l'existence d'un réseau destiné à soutenir les organisations islamistes en Europe, en Afrique du Nord et au Proche-Orient :

> Al-Taqwa était une structure destinée à permettre à Nada et aux membres des Frères musulmans de récolter et de déplacer de l'argent, dans des buts légitimes ou non. Les Frères ont des liens avec le terrorisme, mais c'est aussi un mouvement politique et idéologique, et il est difficile de séparer ces deux aspects.

Après sa liquidation fin 2001, Al-Taqwa a disparu, mais la structure internationale des Frères existe encore. C'est en tout cas ce qu'affirment des spécialistes comme le commissaire belge Alain Grignard, considéré comme l'un des meilleurs experts gou-

1. Entretien avec Juan Zarate, 8 février 2005. Il faut préciser que, malgré ces déclarations, les Frères musulmans n'ont jamais été désignés comme une organisation terroriste par les États-Unis. Sur ce sujet, voir le chapitre 7.

vernementaux de l'islam radical sur le Vieux continent. Cet ancien parachutiste, qui se dit «rongé par le stress» inhérent à sa fonction d'enquêteur antiterroriste, reçoit dans un appartement de Bruxelles qu'encombrent des livres arabes et dont l'unique fenêtre donne sur un jardin embroussaillé. Alain Grignard connaît le Projet grâce à ses bons contacts avec les enquêteurs suisses. Il pense que les Frères musulmans devraient davantage intéresser les gouvernements occidentaux:

> Il y a une organisation et une stratégie au niveau européen. Malgré les dissensions internes, cette organisation a des objectifs et elle fonctionne maintenant. On le sait avec certitude parce qu'on a obtenu des témoignages de gens qui sont membres des Frères musulmans. On essaie d'en faire prendre conscience à nos dirigeants, il faut que les responsables politiques le sachent[1].

Ce qui gêne Alain Grignard chez les Frères, c'est moins l'éventuel soutien au terrorisme (un «épiphénomène», selon lui) que la progression souterraine d'un «projet de société» qui place le groupe au-dessus de l'individu, l'autorité divine au-dessus de la liberté humaine, le texte sacré au-dessus des lois profanes. Cette idéologie est arrivée en Europe dans la seconde moitié du XXe siècle, portée par des militants islamistes que les vagues de répression avaient chassés des pays arabes. Leur histoire – mouvementée, mystérieuse, tragique souvent – est celle des Frères musulmans d'Occident.

1. Entretien avec Alain Grignard, 16 juillet 2004.

3

Les exilés

A l'origine du Projet, il y a la violence : exercée au nom du socialisme et du nationalisme arabe, elle a frappé les Frères musulmans en Égypte, leur berceau historique, mais aussi en Libye ou en Syrie. Elle a forcé de nombreux cadres de l'organisation à chercher refuge en Europe. Nous retraçons ici l'histoire de deux de ces hommes, le banquier Youssef Nada, gardien du Projet, et Saïd Ramadan, l'idéologue des Frères mort en 1995. Leur parcours permet de comprendre ce qui fonde l'idéologie du Projet : un sentiment aigu d'injustice exacerbé par l'exil et, souvent, par le souvenir des tortures infligées ; un rejet viscéral de l'Occident, considéré comme l'ennemi éternel de l'islam et le responsable des souffrances du monde musulman.

Le 1er septembre 1969, au petit matin, le grondement des canons tire de leur sommeil les habitants de Tripoli, capitale de la Libye. Dans les rues, le cliquetis des blindés annonce le début du coup d'État militaire contre le roi Idris. Mené par un groupe de jeunes officiers, il va faire de Muammar Kadhafi le dirigeant suprême de la révolution libyenne. Un nouveau régime de dictature et de peur vient de voir le jour au Proche-Orient.

Dans la résidence tripolitaine de Youssef Nada, alors fringant homme d'affaires de trente-huit ans, le téléphone sonne sans discontinuer. Vers sept heures, rasé, habillé et nourri, Nada se décide à répondre enfin. La voix de son interlocuteur, un nommé Saad, est inquiète :

– Tu n'es pas au courant ?
– Au courant de quoi ?
– Tu n'as pas entendu les coups de canon ?
– Si, j'ai entendu. Qu'est ce que c'était ?
– Il y a un coup d'État, allume la radio[1].

Effectivement, en fin de matinée, la junte militaire qui vient de prendre le contrôle du pays diffuse un communiqué. Ses tonalités exaltées ont quelque chose d'inquiétant :

> Aujourd'hui s'est réalisé votre rêve socialiste, votre rêve de liberté et d'union. Donnez votre appui total à la révolution. Peuple libyen, nous nous sommes révoltés pour notre honneur, pour que vous repreniez votre patrie usurpée, nous nous sommes révoltés pour hisser haut l'étendard arabe[2].

Quelques années plus tôt, Youssef Nada avait fui l'Égypte pour échapper au régime militaire et nationaliste de Nasser. La monarchie libyenne lui a donné refuge, l'a protégé, a favorisé le développement de ses entreprises. En écoutant le discours de la junte, l'exilé comprend qu'il va devoir très vite changer de pays d'accueil. A la faveur d'une brève levée du couvre-feu, il gagne le port de Tripoli, alors sévèrement gardé par les soldats putschistes. Il passe les contrôles en affirmant qu'il vient livrer de la farine, et monte à bord d'un cargo : c'est l'un des nombreux navires qui importent en Libye, pour le compte de Nada, du fer, du ciment, des céréales. Le capitaine, qui manque d'argent après des jours d'oisiveté forcée au port, est ravi de voir son riche patron embarquer avec lui. Mais il prend peur lorsqu'un groupe de militaires s'approche pour fouiller le navire. Youssef Nada doit le menacer –

1. Interview de Youssef Nada sur Al-Jazira, *op. cit.*
2. *Journal de Genève*, 2 septembre 1969.

« faites attention, nous sommes dans une situation de vie ou de mort » – pour qu'il accepte de le garder à bord. Mais où ? Le capitaine n'a pas le temps de réfléchir. Il conseille à son invité surprise de se cacher derrière un réfrigérateur. Le destin de Youssef Nada s'est joué en quelques instants :

> Le bateau était en train d'être déchargé depuis dix jours, la chaleur était terrible, surtout derrière le frigo. Je me suis mis là. [J']ai dit [au capitaine] : « Ne... ne pars pas » et je le guettais, je ne le quittais pas des yeux. Ils lui ont demandé : « Tu transportes un passager clandestin ? » Il leur a dit non. « Signe ce papier. » Il a signé l'autorisation. « Viens avec nous pour la fouille. » Il a dit non. Ils lui ont demandé : « Pourquoi tu as peur ? » Il leur a dit : « Avec toutes les mitraillettes que vous avez, vous me demandez pourquoi j'ai peur ? » Le second officier [a dit] : « Prenez-le et fouillez tous les coins et recoins. » Bien sûr, je suivais toute la scène depuis ma cachette. Ensuite ils sont partis [...][1].

Grâce à son sang-froid, Youssef Nada prend la fuite en bateau, gagne la Grèce puis l'Autriche. Il est parti, selon son expression, « sans chemise ni rasoir » : la fortune qu'il a gagnée en Libye grâce aux bonnes dispositions du roi est perdue à jamais. Mais le putsch de Tripoli n'est ni le premier, ni le pire désastre de sa vie. Quinze ans plus tôt, il a subi la prison et la torture en Égypte, son pays natal. Le scénario d'alors présente quelques ressemblances avec celui vécu plus tard par la Libye. En 1952, des officiers nationalistes renversent une monarchie faible et discréditée, qu'une relation de dépendance semi-coloniale lie encore à la Grande-Bretagne. Les Frères musulmans sont l'organisation politique la plus populaire du pays : dans l'immédiat après-guerre, on estime le nombre de leurs militants à un demi-million[2]. Ennemis de la monarchie qu'ils

1. Youssef Nada, entretien sur Al-Jazira, *op. cit.*
2. Voir Brynjar Lia, *The Society of the Muslim Brothers in Egypt : the Rise of an Islamic Mass Movement*, New York, Ithaca press, 1998, p. 154.

jugent corrompue et inféodée aux intérêts étrangers, ils soutiennent le coup d'État, croyant qu'il va permettre de réaliser leur rêve de renaissance du monde islamique. Mais les militaires se retournent contre eux. En 1954, après une tentative ratée d'assassinat contre le président Nasser – une mise en scène, selon les islamistes –, des milliers de Frères musulmans sont emprisonnés. Pour le régime, Youssef Nada est particulièrement suspect : il est entré très jeune chez les Frères et fait partie de l'« Organisation spéciale » de la confrérie, le Nizam-e-Khas, à la fois milice paramilitaire et organisation de résistance armée contre les troupes britanniques. On l'enferme dans une prison où sont détenus des Frères et d'autres dissidents. Youssef Nada n'oubliera jamais le traitement infligé à l'un de ses compagnons de cellule, un vieillard à la vue déclinante :

> Les militaires l'entouraient pendant que l'un d'entre eux le passait à tabac, et ensuite on lui demandait : qui t'a frappé ? Un homme de son âge et aussi fragile, à la cravache… qui t'a frappé ? S'il répondait qu'il avait reconnu son bourreau, on le tabassait à nouveau en lui demandant comment il avait su… Et s'il ne répondait pas, il se faisait insulter : fils de ceci, fils de cela, t'es un incapable, espèce de ceci cela, et on le tabassait à nouveau. A chaque fois qu'il prenait un coup, il priait pour son bourreau : que Dieu te donne la santé mon fils, que Dieu veille sur l'âme de tes parents, que Dieu te donne la prospérité, longue vie à toi[1].

Durant les années qu'il passe à la prison militaire numéro deux, Youssef Nada voit des détenus être torturés ou tués sous ses yeux. Son expérience reflète le destin de milliers de militants islamistes qui subissent la répression, les arrestations et les sévices infligés par l'État. L'impressionnante organisation des Frères est détruite, ses principaux cadres emprisonnés ou contraints à l'exil. Cette

1. Interview sur Al-Jazira, *op. cit.*

épreuve collective, sans cesse remémorée par la suite, insufflera aux Frères un esprit de corps particulier. En Égypte, l'expérience de la répression est une constante de leur histoire : en 1948 et 1949, des milliers d'entre eux sont enfermés par le gouvernement monarchiste ; leur fondateur et chef charismatique, Hassan al-Banna, est assassiné le 12 février 1949 ; la répression atteint son apogée en 1954 et 1966, puis reprend en 1981 et ne cesse jamais complètement : en mai 2004, puis en 2005, des centaines de Frères musulmans ont été arrêtés lors d'opérations destinées, selon la police, à « briser l'échine » du mouvement[1]. Celui-ci, pourtant, a subsisté. Comme le dit Youssef Nada : « Nous, les Frères musulmans, nous avons appris à nous adapter au gré de la conjoncture, *inch'allah*[2]. »

Après sa libération, en 1956, Nada ne fera plus que des séjours épisodiques en Égypte. Il apprécie de vivre en sécurité dans ses pays d'accueil européens (Grèce, Autriche, Suisse, Italie) même si, après 1969, il craint que les agents du nouveau régime libyen s'en prennent à lui. Son départ de Tripoli ne gêne que peu de temps ses affaires, qui reprennent de plus belle. L'origine de sa fortune est quelque peu obscure : ingénieur de formation, Nada affirme avoir hérité de son père l'une des seules usines de pasteurisation du lait d'Égypte. Il a commencé très tôt une carrière d'industriel qui a fait de lui le premier producteur égyptien de fromage blanc, avant de devenir le roi du commerce de ciment : selon lui, dans les années 70, le chiffre d'affaires de ses sociétés se compte en « milliards de dollars ». En 1977, lorsque la répression contre les Frères d'Égypte connaît une accalmie, il crée au Caire l'une des premières banques islamiques avec l'aide d'un fils du roi Fayçal d'Arabie Saoudite. Les régimes arabes conservateurs le protègent. La Tunisie de Bourguiba lui donne un passeport qui lui permet de voyager sans encombre et de devenir le responsable des relations internationales des Frères musulmans.

1. AFP, 16 et 18 mai 2004, 12 juin 2005.
2. Interview sur al-Jazira, *op. cit.*

L'ambassadeur de l'ombre

Dès les années 30, les Frères se sont efforcés de mener leur propre politique internationale. L'ampleur de leur activité diplomatique, partiellement connue grâce aux perquisitions de novembre 2001, est impressionnante. Égypte, Algérie, Irak, Soudan, Iran : partout, les Frères ont organisé des médiations destinées à mettre fin aux conflits qui ont déchiré le monde islamique et à restaurer l'unité de l'*Oumma*. L'une des photos trouvées chez Youssef Nada le montre saluant un Saddam Hussein encore au faîte de sa puissance. Après l'occupation du Koweït par les troupes irakiennes, en 1990, Nada aurait voulu persuader le dictateur de se retirer du petit émirat pour céder la place à une force arabe et islamique. Saddam a refusé, mais Nada a continué à l'admirer parce qu'il le considérait comme un dirigeant fort.

D'autres missions ont précédé, et suivi, cette rencontre au sommet. Lors de la révolution iranienne de 1979, Nada se rend à Téhéran pour saluer l'avènement de l'État islamique. Il organise l'aide économique au nouveau régime, mais le gouvernement des mollahs, enfermé dans un dogmatisme chiite intransigeant, ignore les ouvertures des Frères qui, eux, sont sunnites [1]. Tant pis : Youssef Nada reprend son bâton de pèlerin. En 1989, lorsque les troupes soviétiques se retirent d'Afghanistan, il tente d'apaiser les factions rebelles qui commencent à se disputer le contrôle du pays. Il s'entremet aussi pour apaiser les relations tendues que l'Arabie Saoudite entretient avec plusieurs de ses voisins.

Le royaume saoudien a été le plus grand soutien de Youssef Nada pendant ces années de diplomatie secrète, comme le révèle une lettre adressée au « cher frère Abou Mohammed » le 17 novembre 1995.

1. Le schisme entre sunnites et chiites est dû aux luttes intestines qui ont opposé les musulmans dans les premiers âges de l'islam. A cet ancien conflit s'ajoute la méfiance séculaire entre Arabes – ce que sont la plupart des Frères – et Perses.

Nada prie son correspondant, apparemment un Saoudien influent, d'obtenir du roi Fahd la permission d'intervenir dans plusieurs crises entre pays arabes. Il évoque avec mélancolie sa fonction d'ambassadeur de l'ombre :

> Plus je vieillis et plus je suis convaincu qu'agir loin des projecteurs et du vacarme pour réduire le fossé qui altère la relation entre les musulmans est ce qui me reste à faire de mieux alors que je suis au crépuscule de ma vie, puisse Dieu m'accorder son pardon[1]...

Plus loin, il décrit la métamorphose subie par les Frères musulmans durant leurs années d'exil forcé :

> Nous ne sommes pas devenus un parti, ni une organisation, ni un groupe, mais grâce à Dieu nous sommes une école de pensée dynamique [...]. L'entité qui est la nôtre aujourd'hui est comme un corps gélatineux qui s'étendrait dans tous les sens si on lui appuyait dessus et qui continuerait de croître, et nous sommes convaincus que notre champ d'action est le monde entier, [et que] notre *Oumma* est celle de l'islam partout dans le monde.

Si les Frères ont survécu aux persécutions infligées par les divers régimes nationalistes et « socialistes arabes » du Moyen-Orient, c'est en grande partie grâce à la protection saoudienne dont Nada reconnaît pleinement l'importance :

> Ce que l'on nomme aujourd'hui le royaume d'Arabie Saoudite, qui abrite La Mecque et Médine, est la seule forteresse qui reste aux musulmans. Si cette forteresse tombe, que Dieu nous en préserve, nous tomberons tous [...]. Nous ne voulons pas en faire un autre Iran, un autre Irak, une autre Algérie, une autre

1. Cf. note 3, p. 12.

> Libye ou même une autre Égypte, à qui Dieu a prodigué des richesses uniques que ces pays ont dilapidées pour se retrouver couverts des haillons de la faim et de la peur. [...] Certains opportunistes ont tenté de briser la relation entre le royaume d'Arabie Saoudite et les Frères. Mais les Frères n'ont jamais été dupes. Ils ont toujours su que la sécurité, la paix, la prospérité, l'honneur et la pureté de cette partie du monde font partie de leurs responsabilités. Ils ont toujours su que [l'Arabie Saoudite] a été leur refuge dans les temps difficiles, lorsqu'ils furent ébranlés et éprouvés.

La relation des Frères avec leurs hôtes n'était pas toujours aisée : les autorités saoudiennes ont toujours refusé la création d'une branche locale de la confrérie, qui est par principe opposée à la monarchie comme système de gouvernement. Mais une symbiose profitable s'est instaurée entre les deux parties. Les Frères ont fourni au royaume un réservoir important de cadres et de techniciens ; la monarchie saoudienne leur a donné de l'argent et a encouragé leurs efforts diplomatiques.

Dans sa lettre, Youssef Nada demande à son interlocuteur de convaincre le roi Fahd d'intervenir pour renouer le dialogue entre les Frères et le gouvernement égyptien. Il propose une médiation entre l'Arabie Saoudite et le Soudan. Il suggère de réunir les factions palestiniennes – partisans de Yasser Arafat et du Hamas – à La Mecque, sous le parrainage du roi. Il confie avoir pu passer vingt-quatre heures dans la prison algérienne où sont détenus les chefs du Front islamique du salut (FIS) et demande l'intervention du « Serviteur des lieux saints » – titre porté par le monarque saoudien – afin qu'il persuade le pouvoir algérien de négocier avec les islamistes. Les Frères se chargeront de persuader le FIS d'accepter la tenue à La Mecque d'une réunion destinée à les réconcilier avec le régime.

Le passage le plus intriguant de la lettre est consacré à la situation de l'Arabie Saoudite elle-même. Le 13 novembre 1995, quatre jours avant sa rédaction, un attentat contre une installation militaire américaine tue sept personnes à Riyad, la capitale du royaume. Oussama ben Laden est évoqué comme instigateur possible de l'attaque. Le chef d'Al-Qaida vit alors au Soudan, pays dirigé par l'ancien Frère musulman Hassan al-Tourabi, que Youssef Nada connaît personnellement. Dans sa lettre, Nada semble faire allusion à l'attentat qui vient de se produire :

> [...] Le rôle d'intermédiaire peut être capital si on lui donne sa chance. Et ces propos n'ont rien à voir avec tous ces criminels abjects, corrompus, qui ont tué, détruit, car s'ils sont démasqués, ils ne méritent que d'être punis et seul un ingénu borné songerait à jouer les intermédiaires en leur faveur. En revanche, essayons d'analyser les pensées de celui dont l'argumentation, en parole ou en écrit, demeure insolite, celui qui a une vision étriquée et l'expérience d'un adolescent [...], puisse Dieu le ramener à la raison [...]. Question : le Serviteur des lieux saints nous permettra-t-il d'intervenir à ce sujet ?

La date de cette missive et l'évocation des attentats suggèrent que le penseur « insolite » mentionné ici pourrait bien être Oussama ben Laden. Fidèle jusqu'au bout à sa réputation de discrétion, Youssef Nada n'a pas souhaité commenter le contenu des documents trouvés chez lui. Mais le nom de Ben Laden va réapparaître, explicitement cette fois, à un autre moment de sa vie.

L'un des appuis les plus sûrs de Nada en Arabie Saoudite était un cheikh fortuné, Ali bin Mussalam. La lettre adressée par le département américain du Trésor à la Suisse, le 4 janvier 2002, le mentionne sous le nom d'« Ali bin Mussalim » :

> Depuis les années 80, à la suite du retrait de l'armée soviétique d'Afghanistan, Mussalim, aidé de Nada, a fourni des services indirects d'investissements pour Al-Qaida, investissant des fonds pour Ben Laden, et effectuant des livraisons d'argent liquide sur demande pour l'organisation Al-Qaida.

L'accusation est d'autant plus sensationnelle qu'Ali bin Mussalam était alors un ministre de la Cour royale et conseiller du roi Fahd. Il s'est éteint paisiblement dans son vaste appartement de Genève, au début de l'été 2004, sans jamais avoir été interrogé par les autorités suisses. Propriétaire d'hôtels de luxe à Londres et à Paris, il a été l'un des acteurs du contrat militaire Sawari-2, signé en 1994, qui portait sur la livraison de navires de guerre français à l'Arabie Saoudite et lui aurait rapporté des commissions gargantuesques. Selon un homme d'affaires arabe qui l'a bien connu, Mussalam était « l'homme de confiance du roi Fahd » dans la gestion de certaines opérations secrètes. Il serait notamment intervenu dans le long conflit frontalier entre l'Arabie Saoudite et le Yémen :

> Il a alimenté les clans yéménites soutenus par l'Arabie Saoudite avec les deniers du roi. Il achetait des tribus avec du cash.

Ainsi, un ministre saoudien, confident du roi, aurait aidé Ben Laden, le terroriste le plus recherché du royaume, avec le concours d'un homme, Youssef Nada, qui considérait la monarchie saoudienne comme sa meilleure protection ? L'hypothèse ne paraît pas farfelue à la CIA, l'agence de renseignements américaine. Dans une note confidentielle, elle mentionne des détails qui ne figurent pas dans la lettre adressée aux Suisses : Ali bin Mussalam aurait aidé financièrement la résistance afghane, et une partie des fonds versés serait parvenue à Oussama ben Laden. La note conclut que « ce serait très embarrassant pour la famille royale saoudienne si cela était découvert ».

Youssef Nada juge ces accusations « absurdes ». Le seul élément véridique de cette histoire, selon lui, est sa relation avec Ali bin Mussalam :

> Il était conseiller du Palais royal, je le connais depuis plus de trente ans. Mais ça ne veut rien dire. Je connais tous les politiciens du Proche-Orient[1].

Depuis le 11 septembre 2001, cet exceptionnel tissu de relations intéresse les services occidentaux qui s'efforcent de comprendre l'histoire des Frères musulmans.

Saïd Ramadan, l'intellectuel

Lors des perquisitions de novembre 2001, les enquêteurs ont récupéré les carnets d'adresses des dirigeants de la banque Al-Taqwa. Ils forment une sorte de Bottin mondain de l'islamisme où figurent notamment l'ex-dirigeant soudanais Hassan al-Tourabi, l'ancien président iranien Rafsandjani, le prédicateur Yousouf al-Qaradawi, et Saïd Ramadan. Mort en 1995, cet Égyptien est le père de deux islamistes fameux dans le monde francophone, Tariq et Hani Ramadan. Une photo prise lorsqu'il devait avoir environ cinquante ans montre un homme tout de noir vêtu, au visage harmonieux, aux yeux sombres, à la barbe bien taillée – presque une image d'Épinal de l'Oriental au charme mystérieux[2]. Qu'il ait connu Nada n'a rien d'étonnant. Les deux hommes ont suivi des cheminements assez semblables : persécution, exil, recherche d'appuis auprès des régimes arabes conservateurs, notamment l'Arabie Saoudite. Ils habitaient en Suisse, à quelques heures de route l'un de l'autre. Ils fréquentaient le Centre islamique de Munich, fondé par Saïd Ramadan au début des années 60. Ils étaient tous deux des membres dirigeants des Frères musulmans. Et les archives que la Suisse a conservées sur lui montrent que Saïd Ramadan a joué son rôle, un rôle d'intellectuel, dans la genèse du Projet.

1. Entretien avec Youssef Nada, 13 juillet 2004.
2. Cette photographie est reproduite dans le livre de Tariq Ramadan, *Islam, le face-à-face des civilisations, quel projet pour quelle modernité ?*, Lyon, Tawhid, 1995.

Durant la seconde moitié du XXe siècle, de nombreux États européens de l'Est comme de l'Ouest ont entrepris de surveiller systématiquement les personnes jugées subversives vivant sur leur territoire. L'ex-République démocratique allemande est fameuse pour le travail de la Stasi, sa police politique, mais la paisible et anticommuniste Suisse a aussi connu une période de contrôle exhaustif de sa population. Ses services officiels ont produit des centaines de milliers de « fiches », pièces de carton vert où étaient scrupuleusement notés les faits et gestes des individus concernés. La fiche de Saïd Ramadan, qui a vécu en Suisse de 1958 à 1995, repose désormais aux Archives fédérales de Berne, la somnolente et coquette capitale helvétique. On y trouve aussi un épais dossier relatant en détail l'histoire du Centre islamique de Genève, qu'il a fondé et que sa famille dirige depuis sa mort[1].

Saïd Ramadan est né le 12 avril 1926, non loin du Caire. Son engagement et son ascension chez les Frères musulmans ont été extraordinairement précoces. En 1945, il aurait fondé la première section des Frères musulmans en Palestine[2]. Le Guide Hassan al-Banna lui confie ensuite la direction d'un journal, en fait son secrétaire particulier et lui permet d'épouser sa fille Wafa. Après avoir participé à la défense de Jérusalem contre les Israéliens, en 1948, Saïd Ramadan devient le principal représentant des Frères hors d'Égypte. Il participe à la création du Congrès islamique mondial de Jérusalem, dont il deviendra le secrétaire général. Lors du Congrès de 1952, il côtoie dans la délégation des Frères Sayyid Qutb, l'idéologue radical du mouvement. C'est en marge du Congrès que naît l'idée de l'Islamistan : un État islamique mondial regroupant tous les pays musulmans dans une sorte de « troisième voie » alternative au communisme et au capitalisme. Saïd Ramadan s'y

1. La fiche de Saïd Ramadan porte le numéro E 4320-01 (C) 1996/202, vol. 46 ; le dossier du Centre islamique est coté E 2001 (E) 1978/84, vol. 28, dossier A. 15. 31.0.

2. Ziad Abu-Amr, *Islamic Fundamentalism in the West Bank and Gaza : Muslim Brotherhood and Islamic Djihad,* Bloomington, Indiana University Press, 1994, p. 3.

rallie avec enthousiasme. La notion de « bloc islamique » semble adaptée au contexte de guerre froide qui divise le monde en deux camps antagonistes. Mais le premier Guide de la confrérie, Hassan al-Banna, l'avait déjà exprimée lorsque les puissances fascistes avaient le vent en poupe :

> Si le Reich allemand s'impose en tant que défenseur de tout individu en qui coule le sang allemand, la croyance islamique, elle, oblige tout musulman en possession de ses forces à se considérer comme le défenseur de tout individu dont l'âme a été nourrie des enseignements du Coran. [...] Et si le seigneur Mussolini considère qu'il lui appartient de droit de [restaurer] l'empire romain – or cet empire, prétendument antique et éternel, ne s'est formé que sur la base des ambitions et des passions –, il est de notre droit de [restaurer] la majesté de l'empire islamique qui s'est établi sur l'équité, la justice, la propagation de la lumière et de la bonne direction parmi les hommes[1].

Pour Banna, cet « empire » islamique n'a pas vocation à rester confiné dans un espace donné. Le serment d'allégeance que doivent prêter les Frères musulmans rappelle d'ailleurs la vocation universelle du mouvement :

> Je crois que [...] la bannière de l'Islam doit couvrir le genre humain, et que chaque musulman a pour mission d'éduquer le monde selon les principes de l'Islam. Et je promets de combattre pour accomplir cette mission tant que je vivrai et de sacrifier pour cela tout ce que je possède[2].

1. Cité par Hani Ramadan, « La pensée politico-religieuse de Hassan al-Banna (1906-1949) », mémoire de licence, université de Genève, avril 1984, p. 35-36.
2. Olivier Carré, Gérard Michaud (Michel Seurat), *Les Frères musulmans, 1928-1982*, Paris, Gallimard, 1983, p. 26.

La nation islamique des Frères est davantage idée que territoire. Le penseur pakistanais Aboul-ala Maudoudi, un admirateur de Saïd Ramadan, la compare à « un parti idéologique très semblable aux socialistes ou aux communistes ». Dans un livre paru à Damas en 1955, Saïd Ramadan définit cette communauté comme « chaque morceau de terre sur lequel il y a un Musulman qui dit "il n'y a qu'un seul Dieu et Mahomet est son prophète"[1] ».

Mais entre ces rêves de grandeur et la réalité, le gouffre est immense. Il se creuse encore lorsqu'en 1954 Nasser lance une terrible vague de répression contre les Frères. Saïd Ramadan, qui avait partagé un repas avec le dictateur deux jours avant d'être arrêté[2], quitte l'Égypte pour Damas. Il ne reverra jamais son pays natal : le 23 septembre, le Conseil de commandement de la révolution égyptienne le prive de sa nationalité. Le gendre de Banna (assassiné en 1949) devient un apatride ballotté au gré des soubresauts politiques entre Jérusalem, Damas et Beyrouth. Les journaux égyptiens mènent contre lui une campagne infamante qui l'accuse d'adultère et d'homosexualité. Son errance prend fin en 1958, lorsqu'il trouve refuge à Genève. Pendant une dizaine d'années, cette ville sera le principal centre d'expression de l'idéologie des Frères musulmans.

Espionnage, menaces et propagande

Le premier refuge de l'islamiste exilé, 36, avenue Soret, est une maison située dans un quartier résidentiel très calme, qui appartient à l'émir du Qatar. Dès son arrivée, Saïd Ramadan la transforme en centre islamique informel, où l'on prie et célèbre des mariages religieux. Outre l'émir, son grand protecteur est le roi Hussein de Jordanie, qui le nomme représentant de son pays auprès de l'ONU. D'autres États arabes pro-occidentaux le soutiennent,

1. Richard P. Mitchell, *The Society of the Muslim Brothers*, Oxford/New York, Oxford University Press, 1983, p. 269.
2. Interview de Saïd Ramadan dans *Weltwoche*, 25 février 1966.

notamment l'Arabie Saoudite : en mai 1962, à La Mecque, Saïd Ramadan est élu à l'assemblée constituante de la Ligue islamique mondiale, une organisation parrainée par le royaume, et en devient l'ambassadeur officiel. Durant sa vie, il utilisera successivement des passeports égyptien, pakistanais, syrien, jordanien, saoudien et yéménite. Mais sa vraie patrie sera toujours l'Islamistan dont rêvaient les Frères – le mot servira, pendant des années, d'adresse télégraphique au Centre islamique de Genève.

Malgré le calme de la Suisse, Saïd Ramadan ne se sent pas en sécurité. Le régime de Nasser intrigue contre lui et l'espionne. Un colonel, qui se fait passer pour « attaché culturel » de l'ambassade d'Égypte à Berne, surveille ses activités. Il invite des étudiants arabes dans son bureau et leur propose, moyennant finances, d'infiltrer le Centre islamique de Genève pour y dérober des documents. L'officier projette même d'envoyer l'une de ses recrues séduire la secrétaire du Centre afin de lui soutirer des informations. Pour prouver le succès de son action, il brandit devant l'un des candidats espions une lettre adressée par Saïd Ramadan à un riche saoudien. Le Frère musulman exilé y promet de contrecarrer « la démagogie des militaires du Caire » en Afrique et en Europe, et parle de contacter les membres de la confrérie qui sont restés en Égypte.

Évidemment, ce genre d'activité ne plaît pas du tout au régime militaro-socialiste de Nasser. En 1962, le secrétaire personnel de Saïd Ramadan, Jawad el Ousta, donne sa démission : son patron l'accuse de vendre des documents confidentiels provenant du Centre islamique. Convoqué par la police, le secrétaire nie, mais révèle que Saïd Ramadan a fait acheter un pistolet Walther PPK de calibre 7.65 et de couleur dorée. Le secrétaire affirme qu'un commando arabe cherche à tuer Saïd Ramadan et que lui, Jawad el Ousta, s'est vu proposer 5 000 dollars pour l'aider dans sa sinistre besogne.

La police genevoise prend l'affaire très au sérieux. Le 7 août 1962, elle ordonne la déportation immédiate de Saïd Barghawi, alias Kassim, chef présumé du commando. Composé d'anciens officiers jordaniens et d'un tueur professionnel palestinien, celui-ci aurait eu pour mission d'enlever Saïd Ramadan pour l'emmener dans une ambassade arabe. Là, il devait être torturé et exécuté, avant d'être enterré près de la frontière franco-suisse.

L'opération échoue, mais l'Égypte poursuit sa guerre de propagande contre l'islamiste exilé. En 1965, au cours d'une nouvelle vague de répression contre les Frères, Saïd Ramadan est accusé d'avoir fourni des explosifs destinés à faire sauter le train de Nasser. Il est condamné par contumace à la prison à perpétuité, et le gouvernement égyptien demande à la Suisse de mettre fin à ses activités. Sans résultat : en février 1966, Saïd Ramadan accorde un entretien en forme de défi à un hebdomadaire helvétique. Oui, il est bien l'un des dirigeants – « le théoricien en chef, pourrait-on dire » – des Frères musulmans. Interrogé sur sa participation au complot contre Nasser, il cite de façon provocante le Coran :

> Dieu dit : celui qui veut te tuer, tue-le [...] Nous ne sommes pas comme les chrétiens : nous ne tendons pas l'autre joue. Le Coran encourage l'autodéfense et le colonel Nasser nous attaque[1].

Saïd Ramadan évoque aussi le magazine qu'il publie depuis Genève, *El-Muslimoun* (« Le Musulman »), dont les dix éditions annuelles sont imprimées à plusieurs milliers d'exemplaires. Il le décrit comme la « plate-forme idéologique » des Frères : elle va diffuser leurs idées dans la phase la plus sombre de leur histoire, alors que leurs partisans sont enfermés et torturés par milliers dans les prisons nassériennes. *El-Muslimoun* va aussi opérer la translation de la pensée des Frères « historiques », militants égyptiens de la première heure, vers l'Europe et l'Amérique.

En 1962 et 1964, les autorités suisses chargent un expert de leur ambassade au Caire d'analyser le contenu du magazine. Le professeur Rahn rapporte que l'objectif de la publication est de

1. « Nasser wird stürzen », *Weltwoche*, Zurich, 25 février 1966.

« s'occuper spirituellement et pratiquement des mahométans [...] dispersés en Europe et coupés les uns des autres » :

> *El-Muslimoun* s'adresse avant tout aux musulmans dispersés en Europe, y compris en Russie [...]. Les parties consacrées aux discussions avec les lecteurs sont particulièrement importantes. S'y exprime, de manière pathétique, l'isolement auquel sont notamment exposés les étudiants musulmans qui vivent dans les grandes villes d'Europe, et la pression spirituelle qu'ils subissent en tant que mahométans, aussi bien dans l'Europe communiste que non communiste.

Ces passages « pathétiques » racontent la visite d'un étudiant musulman d'Union soviétique, qui supplie le Centre de Genève de lui payer un voyage en Suisse pour qu'il puisse rencontrer quelques-uns de ses coreligionnaires. Ils relatent la création des premières mosquées d'Europe, salles quelconques transformées en lieux de prières, ou les funérailles d'étudiants arabes tués lors d'un accident de voiture en Allemagne ; ils déplorent l'absence de cimetières musulmans sur ces terres chrétiennes. « [Le but du *Muslimoun*] est une défense, pas forcément mal intentionnée mais certainement organisée, contre le mode de vie des non-mahométans », relève le professeur Rahn.

Le magazine envisage comme but lointain « un monde qui appartient entièrement à l'islam ». Mais l'hiatus qui existe entre cette utopie et la réalité du Mouvement islamique dans les années 60, faite de persécution et d'exil, explique l'agressivité de certains articles qui reprochent à l'Occident d'avoir pollué le monde islamique par son matérialisme. Leur ton vindicatif et amer serait, selon Rahn, « une forme de défense contre le découragement ». Parmi les passages examinés par le professeur figure un extrait du *Muslimoun* de septembre 1964. L'article est consacré à la création d'Israël :

> [...] L'État d'Israël n'a pas seulement été créé par hasard. Nous sommes convaincus qu'il s'agit plutôt d'une incarnation de la pensée de l'enfer, un mélange né de la rencontre entre le Sionisme cupide, issu du Talmud falsifié et de la Tora falsifiée, tel qu'il a pris forme dans le protocole des Sages de Sion, et de l'esprit des Croisés, inspiré par la jalousie et qui a tant de motifs de colère envers l'islam.
> C'est pourquoi nous sommes convaincus que ce plan idéologique élaboré doit être contré par un plan idéologique tout aussi élaboré, et qu'il faut répondre à ses attaques idéologiques, à sa guerre idéologique, par une guerre idéologique. Ce système de croyance doit être combattu par un système de croyance. La victoire ira au plus fort. Selon nous, ce difforme enfant trouvé ne peut être écrasé qu'avec l'arme du dogme religieux et de la foi. Et quel système de croyance est plus fort, et mieux à même d'écraser la juiverie et la croisade que l'islam ?

Le « Protocole des Sages de Sion » est un faux fabriqué à la fin du XIXe siècle en Russie, qui décrit une conspiration juive pour dominer le monde. L'auteur (anonyme) de l'article semble le considérer comme authentique, et propose à ses lecteurs de préparer une riposte – un « plan idéologique élaboré » – qui aura pour objectif d'« écraser la juiverie et la croisade ». Ce texte préfigure la naissance du Projet, dix-huit ans plus tard.

La croyance en un vaste complot contre l'islam et les musulmans est l'un des fondements idéologiques centraux de la confrérie. Elle est née d'une réalité, celle des tragédies vécues par le monde arabe depuis le début du XXe siècle. Contrastant avec la gloire des premiers âges de l'islam, son histoire récente n'est, selon les Frères musulmans, qu'une douloureuse succession d'échecs : le démantèlement de l'Empire ottoman et la fin du Califat après la Première Guerre mondiale ; le découpage cynique du Moyen-Orient par la France et la Grande-Bretagne ; la création d'Israël et l'expulsion des Palestiniens de leurs terres, en

1948 ; l'instauration de dictatures « progressistes » en Égypte, Syrie, Irak et Libye, qui ont férocement persécuté les islamistes ; les défaites des pays arabes contre Israël ; les interventions militaires répétées des puissances occidentales, de l'expédition de Suez en 1956 à l'invasion de l'Irak en 2003.

La mainmise étrangère, les guerres perdues, le sous-développement économique ont engendré un sentiment d'humiliation qui est à l'origine de la fondation des Frères musulmans. En 1928, Hassan al-Banna est instituteur dans la ville d'Ismaïlia, au bord du canal de Suez. L'influence anglaise y est si omniprésente que les Égyptiens ont le sentiment d'être devenus des citoyens de seconde zone dans leur propre pays. Six d'entre eux, de simples travailleurs, viennent trouver Hassan al-Banna pour lui demander d'agir :

> Nous méprisons cette vie, vie d'humiliation et d'esclavage ; les Arabes et les musulmans, ici dans ce pays, n'ont pas de place ni de dignité, et ils ne font rien contre leur état de salariés à la merci des étrangers[1].

Les premiers responsables des injustices sociales que dénonce Hassan al-Banna sont les « Orientaux occidentalisés » qui ont « gouverné l'Égypte pendant trente ans selon les principes [du] libéralisme individualiste » :

> Le résultat, chacun pouvait en juger. Dans les grandes villes, on voyait d'abord un petit groupe de gens fortunés qui, avec la foi, avaient perdu ce qui maintenait la cohésion de leurs valeurs. Celles-ci s'étaient effondrées, ne laissant subsister que les seules valeurs monétaires ; l'argent, qu'ils recherchaient avec une incroyable avidité et sans scrupule, ne servait d'ailleurs qu'à l'ostentation et à l'achat d'objets brillants[2].

1. Cité par Olivier Carré et Gérard Michaud, *Les Frères musulmans, op. cit.*, p. 11.
2. Cité par Hani Ramadan, *op. cit.*, p. 20.

Selon lui, les musulmans sont responsables de la corruption et de la déchéance de leurs sociétés dans la mesure où ils ont oublié l'islam au profit des idées et des modes occidentales. Car pour les Frères, les malheurs de l'Égypte et des musulmans s'expliquent surtout par l'influence néfaste de l'Occident et de ses alliés, la « juiverie » et le communisme. Ainsi, en 1948, lorsque le gouvernement égyptien interdit les Frères musulmans, Banna dénonce un complot :

> Il ne faut pas oublier dans cette affaire l'action d'une main cachée et les manigances de gens qui, hostiles à ce Message dès le début, restaient aux aguets. [...] Le judaïsme mondial et le communisme international, ainsi que les puissances colonialistes et les tenants de l'athéisme et du laxisme moral, tous étaient dès le premier jour de ceux qui voyaient dans les Frères et leur Message un obstacle important[1].

Les malheurs de la confrérie dans les années suivantes conforteront cette vision paranoïaque du monde, que Saïd Ramadan partage entièrement. En 1964, dans le *Muslimoun*, il attribue la chute de l'Empire ottoman, catastrophe originelle souvent déplorée par les Frères, aux « intrigues des puissances européennes ». Dans une brochure en français diffusée par le Centre islamique de Genève, il analyse les épreuves subies par les Frères et le mouvement de « renaissance islamique » :

> De nouveaux obstacles sont constamment dressés sur le chemin de ce réveil, par de grandes puissances étrangères qui, pour une raison ou pour une autre, ignorent les buts véritables de l'Islam ou nourrissent, pour des motifs historiques, des préjugés contre lui[2].

1. Olivier Carré et Gérard Michaud, *op. cit.*, p. 32.
2. Saïd Ramadan, *Islam, doctrine et mode de vie*, Genève, Centre islamique, 1963.

Saïd Ramadan ajoute que la rancune des Occidentaux remonte au Moyen Âge :

> […] L'invasion des Européens en armes sous la forme des croisades […] secoua le monde islamique avec une violence sans précédent et [son] point culminant fut le massacre de soixante-dix mille Musulmans, hommes, femmes et enfants, lors de la chute de Jérusalem. Les siècles suivants ont vu l'anéantissement impitoyable des Musulmans de Sicile, du midi de la France et d'Espagne. […] Au cours des siècles suivants, l'hostilité de l'Occident contre les Musulmans prit la forme de conquêtes coloniales, souvent déguisées en « tutelles bienveillantes », mais destinées en réalité à mettre, politiquement et économiquement, les peuples musulmans en esclavage.

A cette croyance en l'inimitié fondamentale, en la *méchanceté* de l'Occident envers l'islam s'ajoute l'idée que les musulmans souffrent plus que les autres peuples :

> Tout au long de leur histoire, les Musulmans ont subi les injustices, les tyrannies et les haines les plus violentes que l'on puisse concevoir. Les historiens admettent qu'une petite partie de ces épreuves aurait suffi à anéantir n'importe quelle autre collectivité ou civilisation.

Dans cette vision conspiratrice de l'histoire, les changements culturels et sociaux vécus par le monde arabe au XXᵉ siècle – le « relâchement moral », l'« assertion frénétique de l'indépendance d'esprit de la femme », le creusement des inégalités – sont les produits de l'« agression » constante de l'Occident :

> […] Ces « invasions culturelles », évidentes notamment dans les manuels scolaires, n'ont pas été moins dangereuses que les

invasions armées, et leurs effets sont sans doute plus permanents. En premier lieu, beaucoup d'idées anti-islamiques ont ainsi envahi l'esprit des Musulmans.

Il faut souligner que Saïd Ramadan n'est pas un Frère musulman extrémiste. Il représente plutôt le courant principal, le *mainstream* de l'organisation. Il rédige ses brochures dans un français légèrement vieillot mais impeccable et sait faire preuve de retenue dans l'expression, évitant les attaques directes contre son pays d'accueil et contre le gouvernement égyptien. Cette prudence explique pourquoi les autorités suisses, qui appréciaient peu ses écrits, lui ont néanmoins permis de prolonger son séjour à Genève.

Un allié contre le communisme

En 1966, confronté aux demandes du régime de Nasser, qui veut faire taire Saïd Ramadan, et à la prose virulente du *Muslimoun*, le gouvernement suisse hésite sur le sort qu'il entend réserver à l'exilé égyptien. Ce dernier est connu de la police parce qu'il a célébré dans son Centre des mariages religieux sans autorisation. Les Suisses lui ont ensuite reproché d'être à la fois diplomate accrédité auprès de l'ONU et éditeur de publications à caractère politique. Comme ce cumul en principe illégal aurait pu donner des idées aux missions du bloc soviétique à Genève, les autorités demandent à Saïd Ramadan de choisir entre ses deux fonctions. En apparence, il s'exécute, et un Soudanais reprend la direction du Centre islamique. Mais celui-ci continue à être dirigé en sous-main par Saïd Ramadan, procédé que les Suisses jugent « peu correct ».

En 1965, la Jordanie retire son passeport diplomatique à Saïd Ramadan à la suite d'un accord entre le roi Hussein et Nasser. L'exilé égyptien est menacé d'expulsion. Les fonctionnaires helvétiques qui examinent son dossier estiment qu'il doit être ménagé, car il est proche de régimes conservateurs opposés au communisme. Une note officielle du 7 mars 1966 affirme que le roi Fayçal d'Arabie Saoudite, le chah d'Iran, Hassan II du Maroc et le président tunisien Bourguiba le soutiennent. Ce document précise, à titre confidentiel, que les Anglais et les Américains suivent ses activités avec bienveillance. En somme, Saïd Ramadan, qui a publié dans la presse suisse des articles dénonçant les manœuvres communistes au Proche-Orient, incarne « la tendance conservatrice, pro-occidentale, qui de notre point de vue n'est pas antipathique ».

Le fait que les idées exposées par Saïd Ramadan dans ses publications n'aient rien de « pro-occidental » est, pour les Suisses, secondaire. Tant qu'il s'abstient de faire des déclarations fracassantes dans les journaux et n'attaque pas trop durement le régime égyptien, on peut « faire preuve d'une certaine bienveillance » envers lui. Puisque son statut n'est pas en règle, on lui demande de quitter le territoire suisse avant le 30 janvier 1967. Mais la décision ne lui est pas notifiée, et les autorités décident de tolérer sa présence à Genève. Après tout, Saïd Ramadan est pour elles un « personnage clé des intrigues interarabes » qui semble « très influent dans les milieux musulmans opposés à Nasser et surtout en Arabie Saoudite ». De plus, selon un document diplomatique de juin 1967, il serait « entre autres, un agent d'information des Anglais et des Américains » et aurait rendu quelques services à la Police fédérale suisse – la même qui était chargée de surveiller ses activités[1].

Le 3 juillet 1967, sept hauts fonctionnaires suisses se réunissent à Berne pour trancher définitivement le cas Ramadan. Le contexte politique a changé : Israël vient d'écraser l'armée égyptienne lors de la guerre des Six-Jours, et le régime de Nasser est affaibli. Les Suisses jugent possible que « les amis de Saïd Ramadan prennent le pouvoir dans les mois à venir dans l'un ou l'autre

1. Dans une lettre adressée au journal *Le Temps* de Genève, sa famille affirme toutefois que Saïd Ramadan n'a « jamais collaboré avec les services de renseignements américains ou anglais ».

État aujourd'hui qualifié de progressiste ou de socialiste, mais sévèrement ébranlé par les derniers événements». Dès lors, comme son activité est jugée favorable aux intérêts occidentaux, il peut rester en Suisse.

La portée de cette décision dépasse le cas de Saïd Ramadan. Elle traduit l'attitude générale – mélange de bienveillance, d'indifférence et de condescendance – qui fut celle des gouvernements occidentaux face au mouvement islamiste tout entier. Les documents conservés dans les archives suisses font allusion à trois reprises aux excellents rapports entre Saïd Ramadan et les Américains. Des recherches menées dans les archives américaines montrent que le «théoricien en chef» des Frères musulmans a été reçu à la Maison Blanche et qu'il a facilité le rapprochement entre les États-Unis et l'Égypte de Sadate, au début des années 70. En Allemagne, d'autres documents indiquent que Saïd Ramadan a participé aux activités de l'AMCOMLIB, le «Comité américain pour la libération du bolchevisme», qui était financé par la CIA[1]. Les Frères musulmans et l'Occident avaient alors des ennemis communs: le communisme et les régimes arabes «progressistes» soutenus par l'Union soviétique. Cette convergence d'intérêts explique aussi la tolérance dont a longtemps profité, en Suisse, la banque Al-Taqwa. Dans ce contexte favorable, les Frères vont bâtir, en Europe et en Amérique, le réseau de mosquées et de «centres culturels» qui va faire d'eux le principal groupe islamiste d'Occident.

Mainmise sur les musulmans

Les années 60 et le début des années 70 sont une période d'activité intense pour Saïd Ramadan. Il va de conférence en conférence aux États-Unis, en Grande-Bretagne, au Pakistan, en Malaisie, en Afrique

1. L'auteur remercie Bob Dreyfuss, à Washington, et Stefan Meining, à Munich, qui lui ont transmis ces informations découvertes au cours de leurs propres recherches dans les archives américaines et allemandes.

du Sud... Son activité est largement financée par la Ligue islamique mondiale, d'obédience saoudienne, qui lui verse 10000 francs suisses par mois pour ses publications et un salaire mensuel de 2000, puis 3000 francs par mois[1]. Tout en représentant les Frères au sein des conférences islamiques internationales, l'Égyptien crée des centres islamiques à Vienne, Londres et Washington. Avec ses associés, il définit la politique des Frères envers les musulmans émigrés en Occident. L'un des administrateurs du Centre de Genève, l'érudit islamiste Aboul Hasan Ali Nadawi, leur demande de préserver leur identité, d'éduquer leurs enfants dans le respect de leur religion et de ne pas se laisser « submerger par l'athéisme de leur environnement ».

Un soir de mars 1960, six hommes se réunissent dans un café de l'Odeonsplatz, à Munich, lieu majestueux dominé par les rondeurs baroques de l'église des Théatins et les arches d'une loggia néo-Renaissance. Les archives du tribunal administratif de la ville ont fidèlement conservé le procès-verbal de cette réunion, durant laquelle fut fondé le premier centre islamique d'Allemagne du Sud[2]. Il indique que Saïd Ramadan présidait la séance à côté d'un jeune étudiant syrien – Ali Ghaleb Himmat, le futur associé de Youssef Nada au sein de la banque Al-Taqwa.

Le choix de la capitale de la Bavière pour construire une mosquée peut sembler surprenant. Mais, à cette époque, Munich héberge une petite communauté musulmane composée de deux groupes : les étudiants arabes qui fréquentent l'Université, comme Himmat, et ceux qu'on appelle les « réfugiés musulmans ». Anciens supplétifs de l'armée allemande pendant la Seconde Guerre mondiale, ils viennent de Bosnie, du Caucase, de Crimée, et la plupart se sont engagés du côté des nazis pour combattre le communisme. Après la défaite, quelques centaines d'entre eux ont échappé au retour

1. Ces chiffres ont été donnés par Saïd Ramadan lui-même lors d'une déposition devant la police genevoise, en septembre 1970.
2. En Allemagne, la loi oblige les associations à remettre les comptes rendus de leurs délibérations aux autorités.

forcé vers l'Union soviétique, synonyme de mort presque certaine, et sont restés en Allemagne. Ils souhaitent y pratiquer leur religion et Saïd Ramadan, qui jouit de contacts hauts placés dans les monarchies arabes, a promis de réunir les fonds nécessaires pour construire une mosquée.

Mais très vite des tensions apparaissent entre les deux groupes, étudiants et « réfugiés musulmans », qui chacun revendiquent la direction du projet de mosquée. Saïd Ramadan, le candidat des étudiants arabes, ne parvient pas à réunir la majorité des voix lors d'une élection interne. En mars 1962, le chef des « réfugiés », Nureddin Namangani, adresse aux autorités munichoises une lettre où il décrit les luttes de pouvoir qui divisent la communauté musulmane. Il soupçonne Himmat de détourner les fonds récoltés pour la construction de la mosquée, et reproche à Saïd Ramadan de retarder par des artifices de procédure la convocation d'une assemblée générale. Lorsque celle-ci se réunit enfin, Saïd Ramadan reproche aux « réfugiés musulmans » de ne pas faire correctement leurs prières et de boire de l'alcool en public. Les réfugiés dénoncent le mépris dont il fait preuve à leur égard :

> [Saïd Ramadan] proclame que les musulmans qui étudient en Allemagne sont les maîtres actuels du monde islamique, devant lesquels nous, les réfugiés, aurions mieux fait de nous incliner depuis longtemps. [...] La Commission de construction de la mosquée a beaucoup dévié de son but initial et court maintenant le danger de devenir un lieu de réunion pour des gens qui font de la politique. [Saïd Ramadan] s'efforce de faire apparaître les associations de réfugiés sous une lumière douteuse, en dressant contres elles les réfugiés, afin d'acquérir plus d'autorité pour lui-même[1].

1. Déclaration de Nuriddin Namangani, transmise au tribunal administratif de Munich le 20 mars 1962.

Les représentants des réfugiés finissent par quitter la Commission, qui devient alors la « Communauté islamique d'Allemagne du Sud ». Comme à Genève, les statuts du Centre de Munich prévoient comme but premier la « lutte contre le matérialisme athée ». La construction de la mosquée et d'une école musulmane commence, financée principalement par des rois et émirs d'Arabie Saoudite, du Koweït, de Jordanie et du Maroc. Un membre de poids entre dans l'association : Youssef Nada, ambassadeur de l'ombre et futur banquier des Frères musulmans, qui vient de quitter précipitamment la Libye. En 1973, Saïd Ramadan abandonne ses fonctions au sein de la « Communauté islamique d'Allemagne du Sud », et les luttes internes reprennent de plus belle. Un nouveau président, accusé d'être aux ordres du nouveau régime libyen, doit démissionner : il a commis l'erreur d'affirmer publiquement que les Frères musulmans contrôlent le Centre de Munich alors qu'il est, en théorie, indépendant.

Au même moment, l'arrivée de travailleurs venus de Turquie fait exploser le nombre de musulmans vivant en Allemagne. En 1974, les immigrés turcs déposent près de 200 demandes d'adhésion à la « Communauté islamique d'Allemagne du Sud ». Mais son président, Ali Ghaleb Himmat, rejette ces nouveaux arrivants qui menacent la suprématie des Arabes au sein de l'association. Un représentant des Turcs proteste :

> Les musulmans de Turquie ne s'expliquent pas pourquoi la qualité de membre de la Communauté islamique leur est systématiquement refusée [...]. Vous savez parfaitement que la plus forte communauté musulmane d'Allemagne – celle des Turcs – a non seulement participé à la construction du Centre islamique et de la mosquée de ses mains, mais aussi par ses dons généreux [...]. Malgré cela, les demandes d'adhésion de centaines de musulmans turcs vivant à Munich et en Allemagne du Sud sont rejetées sans justification [...]. C'est d'autant plus étonnant que la qualité de membre est volontiers reconnue et

> garantie aux musulmans arabes, bien que ces derniers vivent en dehors d'Allemagne du Sud et parfois même en Afrique du Nord. [...] Cette préférence pour les Arabes est allée si loin que, lors de la dernière assemblée générale, le 3 novembre 1973, deux personnes mineures sont devenues membres. Même la direction actuelle comprend exclusivement, à une seule exception près, des Arabes qui vivent en dehors de Munich[1].

Himmat, Nada et leurs partisans parviendront à conserver le contrôle de la mosquée pendant encore trois décennies. Mais l'histoire du Centre islamique de Munich montre que, dans leur longue quête d'influence sur l'islam européen, les Frères ont dû affronter *d'autres musulmans* – qu'ils soient rescapés de la Seconde Guerre mondiale, agents des gouvernements arabes « progressistes » ou travailleurs turcs. L'islam des Frères, idéologique et dominé par les exilés venus du Proche-Orient, s'est heurté à la résistance des fidèles « de base », qui vivaient à proximité des mosquées en construction et ne voulaient pas que leurs lieux de prière soient utilisés à des fins politiques. Si, à Munich, les Frères ont triomphé, ils le doivent à leur réseau de partisans hors d'Allemagne, qui ont fait basculer des votes décisifs, à leur maîtrise des procédures administratives et au soutien généreux de leurs bailleurs de fonds du Golfe.

L'attaque des commandos syriens

Dans les années 70 et 80, Munich devient un lieu de réunion pour les chefs suprêmes des Frères musulmans. Trois futurs Guides de la confrérie s'installent en Allemagne à cette époque : Moustafa

1. Sadi Akay, Hüdaydi Tütenek, lettre recommandée à la direction du Centre islamique de Munich, 1er octobre 1974.

Machour (qui sera Guide de 1996 à 2002), Ma'moun al-Hodeibi (Guide de 2002 à 2004) et son successeur Muhammad Akef (nommé en 2004), qui réside plusieurs années dans une petite maison attenante au centre islamique. Akef affirme qu'il n'existait alors ni organisation internationale des Frères musulmans, ni Projet censé l'inspirer. La revue islamiste *Impact*, très bien informée sur les Frères, note pourtant que Machour et Hodeibi sont allés en Allemagne pour réorganiser l'appareil international de la confrérie. Machour, en particulier, aurait été chargé de « rédiger la Constitution » de cette structure[1]. Or, le Projet pourrait être un élément de cette « Constitution ».

D'autres membres éminents du mouvement islamiste participent aux assemblées du Centre de Munich à cette époque : Kurshid Ahmad, haut dirigeant de l'organisation jumelle des Frères musulmans au Pakistan, le Jamiat-i-islami ; ou Issam al-Attar, le chef des Frères musulmans syriens exilé en Allemagne à la fin des années 60. Son destin dramatique prouve que, dans leur exil européen, les Frères musulmans avaient raison de craindre les escadrons de la mort dépêchés par leurs pires ennemis, les régimes « progressistes » mais autoritaires du Proche-Orient.

En janvier 1980, les polices d'Europe sont en état d'alerte. Plusieurs services apprennent qu'un officier syrien qui voyage en Allemagne et en Suisse prépare la création d'une structure destinée à combattre les Frères musulmans syriens et à éliminer Issam al-Attar[2]. L'année suivante, à Aix-la-Chapelle, trois hommes se présentent devant l'immeuble où ce dernier vit avec ses proches. Seule sa femme est à la maison : les enfants sont sortis, et Issam al-Attar suit un traitement médical hors de la ville. Une convertie

1. « Moustafa Mashour, 1921-2002, Lifelong comittment to the Ikhwan », « Al-Ma'mun al-Hudaybi, 1921-2004, Holding the fort in Egypt », *Impact international*, Londres, décembre 2002 et mars 2004. Muhammad Akef dément l'existence d'une « Constitution » et parle seulement d'une « série de règlements ».

2. Document du 7 mars 1980, dossier « Saïd Ramadan et Centre islamique de Genève » des Archives fédérales suisses, cote E4320 (C), 1994/120, vol. 220, dossier (4183 :0) 420/36.

allemande amie de la famille, Hildegard Mazyek, se souvient de ce jour dramatique :

> Les trois hommes ont utilisé une ruse, ils ont forcé une voisine à sonner à la porte [...] ; lorsque la femme d'Issam al-Attar a ouvert, ils ont tiré sur elle. Ils auraient tué tous les gens qui se trouvaient à l'intérieur, s'ils avaient pu. C'était un moment affreux pour nous, comme si notre monde s'écroulait [...] ; c'était une sœur que nous aimions beaucoup[1].

Pour le régime syrien, le principal crime d'al-Attar est de diffuser depuis Aix la revue des « Avant-gardes » islamiques *(Al-Talia)*, un groupe de Frères musulmans déterminés à lutter les armes à la main contre le gouvernement de Hafez el-Assad. En Syrie, l'affrontement entre le pouvoir et les Frères musulmans a fait, au début des années 80, des dizaines de milliers de morts. La répression menée par l'armée a été d'une effroyable brutalité. Lors du procès d'un militant islamiste, un juge syrien eut cette phrase terrible : « Nous allons vous exterminer et bâtir l'État sur vos crânes[2]. » Cela a été fait, presque littéralement. En février 1982, l'antique ville de Hama entre en rébellion contre le régime :

> Dans la journée du 2 février, des groupes de Frères musulmans ont assiégé les locaux de la municipalité, ainsi qu'une caserne. Il y a eu des exécutions sommaires, et aussi des jugements que les Frères avaient organisés pour juger les magistrats coupables d'impiété. Durant tout ce temps, les minarets appelaient à la révolte générale. Dans la nuit, vers trois heures du matin, nous avons entendu des bruits bizarres, des coups de feu et des explosions. Et puis un grondement grandissant : les chars faisaient leur entrée dans la ville[3].

1. Entretien avec Hildegard Mazyek, 26 janvier 2005.
2. Olivier Carré et Gérard Michaud, *op. cit*, p. 153.
3. Témoignage cité par Serge Michel, « Les morts oubliés de l'Oronte », manuscrit remis à l'auteur, publié en 1992 par le *Journal de Genève*.

Durant des semaines, la ville est bombardée, des quartiers entiers et des monuments historiques sont anéantis, des habitants massacrés, des femmes violées. Il y a au moins 10 000 morts, peut-être le double. Un agent de la CIA, Robert Baer, a visité Hama après le carnage :

> Hama était une ville magnifique. Mais lorsque je suis arrivé là-bas, il n'y avait plus que des gravats. [Le président] Assad se sentait tellement menacé qu'il avait dû pilonner la ville. J'ai alors compris que les Frères musulmans étaient une force puissante dans tout le Moyen-Orient, et pas seulement en Égypte comme on le pensait à Washington[1].

Quelques années plus tard, les Frères musulmans entrent en contact avec l'ambassade américaine en Allemagne, et les États-Unis envoient Robert Baer les rencontrer secrètement. Le rendez-vous a lieu dans le garage d'une maison discrète, où l'agent de la CIA est conduit par des Frères musulmans qui se méfient encore des commandos syriens et roulent à tombeau ouvert. Les Frères font à l'Américain une proposition surprenante : ils tueront le président Hafez el-Assad en détruisant son avion à l'aide d'un missile antiaérien, si les États-Unis les renseignent sur ses allées et venues. Washington ne répondra jamais à cette offre.

A la même époque, en Suisse, la police s'inquiète pour la sécurité de Saïd Ramadan. Sa fiche contient des références au danger que représentent « les menées syriennes à l'étranger contre les dissidents et en particulier contre le mouvement [des] Frères musulmans ». La menace paraît d'autant plus sérieuse que les autorités considèrent toujours Saïd Ramadan comme l'un des chefs des Frères. En témoignent plusieurs annotations figurant sur sa fiche :

1. Entretien avec Robert Baer, 9 novembre 2004. Voir aussi *La Chute de la CIA*, Paris, Gallimard, 2004, p. 137-140.

> 14. 1. 1980 – En juillet [1979], R. aurait participé à une réunion de personnalités dirigeantes des Frères musulmans à Londres. [...]
>
> 25. 1. 1982 – Il se peut que R. participe à la rencontre de leaders des FRÈRES MUSULMANS qui a lieu à Lugano (ou dans une autre ville suisse) au mois de janvier 1982.

La mention de Lugano est intéressante en raison de l'établissement tout près de cette ville de Youssef Nada et Ghaleb Himmat. En outre, la fiche de Saïd Ramadan évoque justement ces deux hommes :

> 18.3.82 – [...] NADA Youssef et HIMAT Galeb seraient en contact avec un certain RAMADAN Mohamed Saïd, en poste à Genève, évent. identique à R.

Ces indications assez vagues ne permettent pas de déduire que Saïd Ramadan a participé directement à la rédaction du Projet. Mais vu sa position au sein de la confrérie à cette époque, il est peu probable qu'il ait complètement ignoré son existence.

Un rêve inachevé

Les dernières années de sa vie sont une période difficile pour Saïd Ramadan. En 1976, l'Arabie Saoudite lui retire le passeport diplomatique qu'elle lui avait octroyé : elle veut faire du Centre islamique de Genève un bureau local de la Ligue islamique mondiale, qu'elle contrôle. Saïd Ramadan, qui veut rester indépendant, refuse. L'argent versé par les princes du Golfe se tarit et le *Muslimoun* cesse de paraître. Saïd Ramadan se considère toujours comme le responsable de « 7 millions de musulmans en Europe[1] »,

1. *Tribune de Genève*, n° 100, mai 1975.

mais son influence rétrécit comme peau de chagrin. Faute d'argent, il cesse d'inviter les notables locaux à la fête de l'Aïd, qui marque la rupture du jeûne de ramadan. Les autorités suisses commencent à se méfier de lui : elles lui prêtent d'excellentes relations avec Yasser Arafat, alors considéré comme un dangereux terroriste. Elles s'intéressent aussi à l'amitié entre Saïd Ramadan et un Américain converti à l'islam, David Theodore Belfield, alias Dawoud Salahuddin. Le 22 juillet 1980, Salahuddin, déguisé en facteur, abat un opposant à la Révolution iranienne, Ali Akbar Tabatabai, devant son domicile de Washington. Avant de fuir vers l'Iran, Salahuddin passe par Genève, où il avait appelé quelques jours plus tôt Saïd Ramadan. L'enquête conclura que l'Égyptien était son mentor spirituel.

L'admiration que Saïd Ramadan porte à la République islamique iranienne l'éloigne de la majorité des Frères, qui soutiennent Saddam Hussein dans la guerre qui oppose l'Irak à l'Iran. Reinhard Schulze, un islamologue qui a rencontré Saïd Ramadan au début des années 80, garde l'image d'un intellectuel pessimiste, de plus en plus isolé à la fin de sa vie :

> Pour moi, c'est un peu l'homme des occasions perdues. C'était quelqu'un d'intelligent, d'élégant, mais qui n'avait pas le charisme de son fils Tariq. Il était déjà très en retrait lorsque je l'ai vu. Dans les années 60, il était le grand patron de la scène islamique en Europe. Il a créé un réservoir d'idées avec son Centre mais, après les années 70, presque plus rien n'en est sorti. Il a maintenu le Centre en vie parce qu'il était là, mais, à la fin, c'était un monde de vieux messieurs[1].

Au début des années 90, l'« Islamistan » imaginé des décennies plus tôt se réduit à une chambre où s'entassent un poste de radio, des coupures de presse, des livres et des lettres venues du

1. Entretien avec l'auteur, 11 octobre 2004.

monde entier. Saïd Ramadan se tient au courant de l'actualité, mais l'atmosphère qui règne chez lui est surtout empreinte de «tristesse» et de «solitude»[1]. A-t-il échoué? Sans doute, si l'on considère que son vieux rêve – réunifier l'*Oumma* divisée par les complots occidentaux – ne s'est pas réalisé. Mais son action n'est pas restée sans lendemain. L'exilé a consacré l'essentiel de sa vie à faire naître en Occident un courant de pensée et d'actions islamistes, ce que Reinhard Schulze appelle une «opinion publique islamique». Ce courant lui a survécu et joue un rôle central dans la création d'une identité musulmane européenne. Désormais, son principal inspirateur se nomme Yousouf al-Qaradawi: en août 1995, il a accompagné Saïd Ramadan jusqu'à sa dernière demeure en prononçant, dans une mosquée du Caire, son oraison funèbre.

1. Tariq Ramadam, *Islam, le face-à-face des civilisations, op. cit.*, p. 13.

4

Le père spirituel

*Voici le portrait d'un personnage incontournable. Prédicateur écouté par des millions de fidèles, Yousouf al-Qaradawi occupe une place de choix dans l'islam contemporain. Largement diffusée en Europe, où elle sert de référence aux organisations inspirées par les Frères musulmans, sa pensée apparaît comme la poursuite en droite ligne du Projet. Qaradawi prône la résurrection d'une communauté des croyants – l'*Oumma *– allant du Maroc aux rives du Pacifique, qui mettrait fin à l'hégémonie occidentale sur le monde. Et il entend mobiliser les communautés musulmanes d'Europe et d'Amérique au service de son grand dessein.*

Une ou deux fois par an, un groupe de théologiens musulmans venus d'Europe et du monde arabe se réunit dans une luxueuse mosquée de Dublin, en Irlande. Assis autour d'une longue table rectangulaire, ils répondent par des avis basés sur le droit islamique – des *fatwas* – aux questions posées par des fidèles vivant en Occident. Durant des heures, l'auguste assemblée discute en arabe de sujets comme le clonage, la sexualité, les rapports hommes-femmes ou la situation des musulmans employés dans des restaurants servant dc l'alcool.

Fréquenté par des étudiants en médecine et des diplomates, le Centre culturel islamique où débattent ces docteurs de la foi est l'une des plus riches mosquées d'Europe. A l'entrée, une plaque de bronze rappelle que la famille al-Maktoum, qui règne sur le prospère émirat de Dubaï, a financé sa construction. Dominé par un minaret et une coupole de cuivre, le Centre offre tous les services nécessaires à la vie de la communauté musulmane locale : une école pour filles et garçons, un supermarché vendant des produits alimentaires *halal*, un terrain de sport. Il abrite aussi l'une des plus importantes institutions du Mouvement islamique en Europe.

Février 2005 : dans une salle décorée de tentures vertes, des bouquets de fleurs et des gâteaux ont été disposés avec soin pour la 14e session du Conseil européen des *fatwas* et de la recherche (CEFR). Depuis sa création en 1997, le Conseil est présidé par un homme âgé mais d'allure vigoureuse, que son couvre-chef de soie blanche et son habit gris bien coupé désignent comme un religieux de haut rang. Un éclairage subtil nimbe le haut de son corps, et, assises en rang d'un côté de la salle, des femmes voilées notent religieusement ses propos. Par moments il prend un air grave, presque contrarié, mais peut aussi déclencher le rire de l'assistance par ses bons mots. La discussion autour de lui est parfois animée, mais aucun membre du Conseil ne songerait à contester sa prééminence : Yousouf al-Qaradawi est le maître spirituel incontesté des groupes qui se réclament de l'idéologie des Frères musulmans, partout dans le monde.

Durant des décennies, Qaradawi a été l'un des plus hauts dirigeants de la confrérie. Né en Égypte en 1926 – la même année que Saïd Ramadan – il apprend le Coran par cœur avant l'âge de dix ans, puis, fasciné par les discours de Hassan al-Banna, il entre chez les Frères musulmans. Contraint à l'exil par Nasser, Qaradawi choisit le golfe Persique, ses monarchies conservatrices et ses salaires confortables. Il retourne en Égypte lorsque le président Sadate libère les Frères musulmans emprisonnés, au début des années 70. Tout le pays est alors travaillé par la renaissance de l'islam radical, et les Frères accompagnent le mouvement avec la revue *Dawa* (*L'Appel*), dont Yousouf al-Qaradawi est l'un des rédacteurs les plus influents[1]. Les pages de *Dawa* célèbrent la

1. Gilles Kepel, *Le Prophète et Pharaon*, Paris, La Découverte, 1984, p. 125, rééd. Seuil 1993.

mémoire des grands martyrs de la confrérie, Hassan al-Banna, assassiné en 1949, et Sayyid Qutb, le penseur radical exécuté en 1966. Les enfants peuvent apprendre à reconnaître les « ennemis » de leur religion, représentés sous la forme de petits dessins : la faucille et le marteau, l'étoile de David, la statue de la Liberté. La revue dénonce sans relâche « la trinité colonialiste d'aujourd'hui : la juiverie, le communisme et le capitalisme[1] ». Elle évoque volontiers le complot de l'Occident contre l'islam pour expliquer les calamités qui s'abattent sur le monde arabe. Ainsi, lorsque le régime syrien écrase la révolte des Frères musulmans, *Dawa* voit derrière ces sanglants événements l'influence du « colonialisme croisé et sioniste[2] ».

Populaire, soutenu par les monarchies pétrolières du Golfe et figure en vue des Frères, Yousouf al-Qaradawi est aussi lié au Projet. Lorsque cette stratégie occulte voit le jour, au début des années 80, il est considéré comme l'un des chefs de la confrérie[3]. Il devient ensuite l'un des actionnaires principaux de la banque Al-Taqwa : le registre des actions déposé aux Bahamas, qui compte des centaines de noms, le place en quatrième position des actionnaires « préférentiels », avec 5 825 actions, et au cinquième rang des actionnaires « ordinaires », avec 2 325 actions. Lorsque la société s'effondre après la crise asiatique de 1998, il émet une *fatwa* exonérant ses dirigeants – Youssef Nada et Ghaleb Himmat – de toute erreur de gestion[4]. Sa proximité avec eux a survécu à la faillite d'Al-Taqwa : début 2005, Yousouf al-Qaradawi siège au Conseil de direction d'une association humanitaire, l'IICO ou *International Islamic Charitable Organization*, basée au Koweït et en Suisse. Il y côtoie, entre autres personnalités islamistes, le Syrien de Campione, Ghaleb Himmat, codirecteur d'Al-Taqwa.

1. *Ibid.*
2. Carré et Michaud, *op. cit.*, p. 168-169.
3. *Ibid.*, p. 215.
4. Entretien avec Mushtak Parker, *Islamic banker magazine*, 21 novembre 2001.

Qaradawi le connaît bien : nous verrons au chapitre 7 qu'en 1993 les deux hommes ont fait partie d'une délégation des Frères musulmans qui s'est rendue en Afghanistan pour unir les chefs de guerre locaux sous la bannière d'un nouveau *jihad* – tourné cette fois contre l'Occident.

Le stratège du Mouvement islamique

Yousouf al-Qaradawi n'est pas seulement un prédicateur religieux : c'est aussi un penseur politique inspiré par une vision grandiose, la restauration de l'*Oumma* musulmane comme grande puissance planétaire et le triomphe de l'islam partout dans le monde. En 1990, il rédigeait un texte intitulé *Priorités du mouvement islamique dans la période à venir*[1], qui présente de nombreuses similitudes avec le Projet. Il y est question de quête d'influence dans la société, d'organisation, de propagande et de *jihad* ; certaines expressions (« points de départ ») et citations sont identiques ; ses grandes lignes correspondent aux orientations définies par le Projet. Les *Priorités* montrent comment l'idéologie du Projet a été recyclée par l'homme qui deviendra la référence religieuse des organisations européennes inspirées par les Frères musulmans.

Dans son texte, Qaradawi commence par se présenter lui-même comme un Frère musulman. Le « Mouvement islamique, explique-t-il, se compose de groupes organisés avec des objectifs spécifiques et des lignes bien définies ». Il sert de guide à un courant plus large, celui du « réveil de l'islam ». Le Mouvement ne se réduit pas aux Frères musulmans, mais ils en sont la composante la plus importante :

1. *Priorities of the islamic movement in the coming phase*, Doha (Qatar), 1990, publié à l'adresse www.qaradawi.net/english/books/priorities-of-islamic-mov/index-all.htm, aussi disponible sur www.youngmuslims.ca.

> Lorsque je mentionne le Mouvement, je fais allusion au Mouvement islamique au sens large, pas à un mouvement en particulier. Toutefois, dans la plupart des cas, je citerai les Frères musulmans parce que c'est le mouvement où j'ai grandi ; j'ai fait l'expérience de ses difficultés et de ses bons moments, et j'ai participé à de nombreux événements qu'il a traversés pendant presque un demi-siècle.

Qaradawi définit le Mouvement islamique comme un « travail organisé et collectif entrepris par le peuple pour replacer l'islam à la tête de la société ». Sa mission est d'« unifier la Nation musulmane autour du saint Coran », ce qui inclut la lutte contre les « ennemis de Dieu », la « libération des territoires musulmans de toute agression ou du contrôle non musulman » et la réintroduction du « système du califat ». Dans le futur proche, le Mouvement doit privilégier trois tâches : la « formation d'une avant-garde islamique », la création d'une « opinion publique islamique » et la préparation de l'opinion mondiale à l'« existence de la nation musulmane ».

En 1989, le Mouvement a atteint son apogée en terme d'ampleur et de popularité. Selon Qaradawi, il a réussi à s'implanter partout :

> [...] le Mouvement islamique contemporain s'est étendu dans le monde entier, s'enracinant dans tous les pays et élargissant sa base.

Il doit poursuivre son expansion, à la fois au sein des « élites », des « masses » et des secteurs de la société où il est mal implanté – les « classes ouvrières », les femmes ou la finance :

> Le Mouvement islamique doit travailler dur pour étendre son activité à tous les groupes et classes de la communauté [...]. Ainsi, la présence et l'activité du Mouvement rempliront tous les lieux de la vie sociale. Le message du Mouvement sera par-

> tout, et ses soldats et ses enfants seront là, avec plusieurs fois leur nombre en sympathisants, partisans et défenseurs.

Seule une « avant-garde islamique » pourra conduire le Mouvement sur la juste voie. Qaradawi cite le premier Guide des Frères, Hassan al-Banna :

> Donnez-moi 12 000 croyants, et avec eux je conquerrai les montagnes, je traverserai la mer et j'envahirai la terre.

Le propos peut sembler martial : il l'est. Cette « avant-garde » doit « libérer les terres musulmanes » et « combattre les forces hostiles à l'appel islamique et la Nation musulmane ». Elle doit faire le *jihad* ou, comme le dit Qaradawi, se préparer à

> affronter les sionistes, les croisés, les marxistes et les défenseurs des philosophies destructrices qui s'abattent sur notre nation de l'Est comme de l'Ouest.

Qaradawi énumère les lieux où le *jihad* est un devoir impératif pour tous les croyants, parce que les musulmans y sont agressés : Palestine, Érythrée, Philippines, Afghanistan, Ouzbékistan, Azerbaïdjan, Cachemire, Chine, Éthiopie, Thaïlande… En revanche, une attaque contre l'Occident, un *jihad* offensif tel que le préconisent certains islamistes est hors de question, du moins pour le moment. Selon Qaradawi, le Mouvement doit d'abord libérer les terres musulmanes envahies et consacrer des moyens financiers suffisants à lutter, par la prédication, contre l'expansion du christianisme avant de s'en prendre à l'Occident. Un argument pratique vient appuyer son raisonnement :

> Nous dépendons des autres pour la force militaire. Ceux contre qui nous voulons lancer notre *jihad* offensif sont aussi ceux qui fabriquent toutes sortes d'armes et nous les vendent. Mais

contre eux nous serions désarmés, sans défense et incapables de faire quoi que ce soit !

Qaradawi vise un objectif plus limité : éliminer « toutes les influences étrangères » de la terre d'islam, du Maroc à l'Indonésie, et répondre aux appels au secours des musulmans persécutés, où qu'ils se trouvent. Pour cela, il faut – comme le dit aussi le Projet – nouer des contacts étroits avec les organisations armées qui pratiquent le *jihad* :

> Le Mouvement islamique devrait être bien informé sur tous ces groupes. Il devrait avoir une forme de présence dans leurs directions et dans leurs rangs. Il doit aussi travailler sans cesse à leur unité et leur solidarité [...].

En coopérant avec d'autres groupes islamistes, armés ou non, le Mouvement créera un « formidable bloc » qui pourra « se dresser contre tous les courants envahisseurs qui s'opposent à l'Appel de l'islam ». Pour cela, il faut que les querelles théologiques stériles entre les islamistes cessent, et que l'on applique un principe exposé en termes identiques dans le Projet :

> Nous devons coopérer dans les domaines où nous sommes d'accord, et nous excuser mutuellement sur les points de désaccord[1].

Le Mouvement deviendra ainsi la « direction manquante » de l'*Oumma* musulmane – un rôle que Qaradawi compare explicitement à celui du pape dans l'église catholique. Car l'islam, déplore-t-il, n'a plus de chef depuis la disparition de l'Empire ottoman et du Califat après la Première Guerre mondiale :

1. Qaradawi explique que la formule vient de Rachid Rida, l'un des pionniers du mouvement de Réforme islamique au début du XXe siècle. Elle a ensuite été reprise par le premier Guide des Frères musulmans, Hassan al-Banna.

> Les ennemis du système de califat ont comploté contre lui et ont réussi à détruire cet édifice magnifique qui incarnait l'unité de la nation musulmane.

Mais le Mouvement ne doit pas seulement dialoguer avec les autres groupes islamistes : pour devenir un acteur universel, il doit se rapprocher de tous ceux qui peuvent l'aider à atteindre ses objectifs. Les alliés utiles à la « juste cause » de l'*Oumma* vont des « mouvements de libération » qui luttent contre « l'impérialisme et l'injustice » aux « chrétiens sages et ouverts » désireux de faire reculer le « matérialisme horrible qui menace toutes les religions ».

On peut voir dans cette volonté d'ouverture un écho du Projet, qui préconisait un rapprochement entre les Frères et les forces non-islamiques. Mais Qaradawi va plus loin : il veut discuter directement avec les régimes autoritaires du Proche-Orient et l'Occident lui-même. Les dirigeants arabes, note-t-il, ont souvent peur de l'islam en raison des « mises en gardes fallacieuses de conseillers mal intentionnés ou des conspirations de "démons" étrangers » : il faut les rassurer, leur expliquer que les islamistes cherchent seulement à éduquer la jeunesse en lui inculquant les vertus de la religion. Quant à l'Occident, il faut le débarrasser de ses préjugés hostiles qui – poncif du discours des Frères – remonteraient à l'époque des Croisades. Pour cela, il faut approcher ses intellectuels et ses milieux dirigeants :

> Si nous parvenons à convaincre les leaders de l'Occident et ceux qui influencent ses politiques que nous avons le droit de vivre selon l'islam, guidés par son credo, gouvernés par sa *charia* et orientés par ses valeurs et sa morale, sans arborer de mauvaises intentions envers l'Occident ou lui nuire, nous aurons beaucoup progressé vers notre objectif d'établir la communauté musulmane que nous voulons pour patrie.

Dans son vaste plan, Qaradawi réserve une place particulière aux populations musulmanes qui ont émigré en Europe et aux États-Unis. Leur présence lui paraît une chance imprévue de faire connaître au Mouvement une nouvelle phase d'expansion :

> La présence du Mouvement islamique dans les pays occidentaux a d'abord été guidée par le Tout-Puissant et n'a pas été planifiée par le Mouvement. [...] C'est le devoir du Mouvement islamique de ne pas laisser ces émigrés être noyés par le tourbillon des tendances matérialistes qui prévalent à l'Ouest.

Qaradawi conseille donc aux émigrés de pratiquer ce qu'il appelle une « ouverture sans fusion ». Il compare la situation des musulmans d'Occident à celle des juifs qui sont parvenus à préserver leur identité grâce au système des ghettos – une institution qui, dans l'esprit de Qaradawi, a joué un rôle positif et doit être imitée :

> Essayez d'avoir votre propre petite société au sein de la société plus vaste, sinon vous vous dissoudrez comme du sel dans de l'eau.

Mais le rôle des émigrés ne doit pas se réduire à défendre leur identité. Qaradawi souhaite les enrôler au service de son projet politique, la restauration de l'unité et de la grandeur de l'*Oumma*. Selon lui, la « présence islamique » en Occident est nécessaire :

> pour défendre les causes de la nation musulmane et de la terre d'islam contre l'antagonisme et la désinformation des forces et courants anti-islamiques.

Ainsi le musulman d'Europe, des États-Unis ou d'Australie n'est pas seulement tenu de pratiquer sa religion dans sa vie quotidienne, de construire une famille et d'éduquer ses enfants selon les principes de l'islam. Il a un devoir envers sa « nation musulmane : s'occuper d'elle et la soutenir ».

Un discours omniprésent – et controversé

Depuis la rédaction des *Priorités*, en 1990, la notoriété de Qaradawi a crû de façon exponentielle. Au Qatar, où il enseigne le droit islamique, on explique volontiers que « l'Arabie Saoudite a La Mecque et Médine, nous avons Qaradawi ». Chaque dimanche, le religieux égyptien anime sur Al-Jazira l'émission « La *charia* et la vie », que des millions, voire des dizaines de millions de personnes regardent régulièrement. Il dirige des universités islamiques du Golfe persique au Bangladesh, préside des réunions religieuses au Canada ou en Suède, voyage sans cesse en Europe et dans le monde musulman. Ses partisans, qui l'appellent avec respect « Son Éminence l'imam et savant Yousouf al-Qaradawi », affirment qu'il est « le plus grand savant vivant de l'islam »[1].

« Si l'islam avait un chef, ce serait lui », ajoutait *Le Monde* en août 2004. Qaradawi y déclarait avoir quitté l'organisation des Frères musulmans « dix ou quinze ans » plus tôt, sans préciser les raisons de cet éloignement. En 2003, il a créé une nouvelle institution, le Conseil mondial des oulémas, largement perçue comme destinée à supplanter les structures internationales de la confrérie. Cela n'empêche pas Qaradawi d'exercer son magistère idéologique sur l'ensemble de la mouvance inspirée par les Frères, comme l'explique l'islamologue Reinhard Schulze :

> Qaradawi est-il membre des Frères musulmans ou pas ? En fait, peu importe. Ce qui compte chez lui, c'est le contenu : il se

1. « British media to meet Shaikh Al-Qaradawi », MABOnline.net, 15 janvier 2003.

meut pleinement dans la tradition des Frères, même sa façon de parler est fidèle à cette tradition[1].

En reprenant les catégories définies par Qaradawi lui-même, on peut dire que celui-ci a quitté les Frères musulmans au sens étroit – l'organisation égyptienne –, mais continue d'appartenir au Mouvement islamique au sens large : un ensemble de groupes qui s'inspirent de l'idéologie des Frères et mènent de concert l'« effort collectif organisé » dont Qaradawi est le guide le plus éminent.

La permanence du lien idéologique entre Qaradawi et les Frères ressort clairement des livres de vulgarisation du cheikh que l'on trouve dans d'innombrables centres islamiques d'Europe et d'Amérique. La librairie Tawhid de Lyon, par exemple : installée dans la tranquille rue Notre-Dame, Tawhid est l'éditeur favori des frères Tariq et Hani Ramadan. Mais les ouvrages de Qaradawi prennent une place importante sur ses étagères, entre les livres illustrés consacrés au « mensonge de l'évolution » et ceux qui traitent de cuisine marocaine. A l'intérieur, on peut croiser un vendeur à barbe courte, chemise blanche et pantalons bien repassés. Pour ce jeune militant islamiste, Qaradawi n'est pas un prédicateur mais un « savant ». Ce jugement est asséné sur un ton si catégorique qu'il vaut mieux, dans cette librairie, ne pas trop mettre en doute la pertinence des opinions du cheikh. L'un de ses livres vendus chez Tawhid s'intitule *Pourquoi l'islam ?* et certains passages sont des citations, recopiées presque mot à mot, de l'« imam martyr » Hassan al-Banna, le premier Guide de la confrérie. Ainsi, lorsque Qaradawi rejette toute séparation entre politique et religion :

> L'islam est religion et État, foi et loi, culte et commandement, Livre et épée, prière et jihad tout à la fois, sans division aucune[2].

1. Entretien avec l'auteur, 17 novembre 2004. Voir aussi « Al-Qaradawi, l'islam à l'écran », *Le Monde*, 31 août 2004, et Reuven Paz, *Qharadawi and the world association of muslim clerics : the new platform of the muslim brotherhood*, PRISM Series on Global Jihad, n° 4, 2 novembre 2004.

2. Yousouf al-Qaradawi, *Pourquoi l'islam ?*, Paris, Arrissala, 2002, p. 38. Pour le passage correspondant chez Hassan al-Banna, voir Mitchell, *op. cit.*, p. 233.

Dans la ligne des Frères, il veut aussi faire du Coran « la Constitution de notre société » :

> Nous voulons vivre dans une civilisation musulmane complète, orientée par la foi musulmane, soumise à la Loi de l'islam, régie par la morale de l'islam, mue par les motifs de l'islam et les sentiments de l'islam, une civilisation dont tous les fils sont unis par la fraternité de l'islam.

Le cheikh se lamente sur la faiblesse du monde arabe, qu'il attribue à sa négligence des valeurs islamiques – un autre *leitmotiv* du discours des Frères :

> Si nous voulons la force, la puissance, la souveraineté, la libération, l'unité, il nous faut revenir à l'islam. [...] Le monde vit de nos jours la deuxième révolution industrielle : après la première révolution industrielle où la machine a suppléé aux forces physiques de l'être humain, la seconde révolution, l'époque de l'informatique, supplée à ses capacités intellectuelles. Et nous, où en sommes-nous dans tout cela ? Nous en sommes encore à la phase zéro !

Suit enfin l'appel, habituel chez les Frères, à l'unité de l'*Oumma*. A terme, les musulmans devront

> redevenir une seule Communauté, une Communauté musulmane comme Dieu nous l'a ordonné, au lieu d'être divisés en plusieurs nations comme l'ont voulu les puissances impérialistes.

Ce rêve d'unification a porté plusieurs noms dans l'histoire de l'islamisme : « Empire islamique » chez Hassan al-Banna, « Islamistan » chez Saïd Ramadan, « Califat » dans les *Priorités* de Qaradawi. Le fait qu'on le retrouve dans ses livres plus récents et destinés au grand public montre qu'il n'a rien perdu de sa force au sein du «Mouvement islamique». Les idées de Qaradawi n'ont pas radicalement changé non plus depuis 1990, notamment sur la question du *jihad*. Ses positions dans ce domaine lui valent désormais, en Occident, une publicité dont il se passerait bien.

En juillet 2004, le public anglais fut témoin d'une scène inhabituelle : le très gauchiste maire de Londres, Ken Livingstone, serrant dans ses bras un Qaradawi souriant, coiffé d'un couvre-chef blanc et s'aidant d'une canne pour marcher. Venu lancer une campagne en faveur du voile islamique, le cheikh est homme d'action autant que de paroles : sa volonté de se rapprocher des politiciens occidentaux et des «chrétiens ouverts», clairement exprimée dans ses *Priorités*, n'est pas restée lettre morte. Qaradawi a sévèrement condamné les attentats du 11 septembre 2001, qu'il a qualifié de «grave péché», et les autres opérations sanglantes d'Al-Qaida. Cette position lui a valu d'être invité par le Vatican pour un sommet consacré au dialogue islamo-chrétien. Lors de sa visite à Londres, Ken Livingstone l'a présenté comme «un homme de tolérance et de respect» et un «religieux modéré». Le maire a pris sa défense contre «l'accès de xénophobie et d'hystérie dans certains secteurs de la presse de boulevard[1]». Pour le *Sun*, navire amiral de la presse populaire de droite en Grande-Bretagne, Yousouf al-Qaradawi est en effet le Mal incarné. Lors de son séjour sur les bords de la Tamise, quelques manifestants l'ont traité de «cheikh de la terreur».

Les positions de Qaradawi sur les attentats-suicides expliquent ces invectives. En 1990, il faisait l'éloge du Hamas, branche armée des Frères musulmans en Palestine, qu'il qualifiait d'organisation «inébranlable, courageuse, lucide». En 1995, il est devenu le premier «savant» de l'islam sunnite à justifier les attentats-suicides des groupes palestiniens[2]. Quatre ans plus tard, ses positions lui ont valu d'être interdit d'entrée aux États-Unis.

1. *The Independent*, 13 juillet 2004.
2. Reuven Paz, «Shaykh Dr. Youssef al-Qaradawi : Dr Jekyll and Mr Hide», *Policywatch*, n° 576, 18 octobre 2001.

Depuis, les attentats commis par des kamikazes du Hamas ont fait des dizaines de morts dans des bus ou des discothèques israéliennes, mais le jugement de Qaradawi sur ces opérations n'a pas changé. Il a apporté un soutien actif aux familles des « martyrs » palestiniens en présidant la « Campagne des 101 jours ». En 2003, les associations européennes qui y ont participé, notamment le Comité de bienfaisance et de secours aux Palestiniens en France, ont été désignées par le département américain du Trésor comme des « organisations charitables qui soutiennent le Hamas et font partie de son réseau de financement en Europe ». Cela n'a pas impressionné Qaradawi. Avant son arrivée à Londres, il déclarait à la BBC, au sujet des attentats-suicides :

> Ce n'est pas un suicide, mais un martyre au nom de Dieu, les théologiens et juristes islamiques en ont discuté. [...] Il est permis de mettre son âme en péril en croisant le chemin de l'ennemi et en se faisant tuer[1].

Qaradawi pense que les Palestiniens, confrontés à un rapport de force très défavorable, n'ont pas d'autre choix. Peu importe qu'en Israël des civils soient tués lors de ces opérations. En raison de la conscription généralisée, tous les Israéliens sont des soldats en puissance :

> Les femmes israéliennes ne sont pas comme les femmes dans notre société parce qu'[elles] sont militarisées. Ensuite, je considère ce type d'opération martyre comme une indication de la justice de Dieu tout-puissant. Dieu est juste. Dans sa sagesse infinie, il a donné aux faibles ce que les forts ne possèdent pas, c'est-à-dire la capacité de transformer leurs corps en bombes comme le font les Palestiniens.

1. BBC 2, *Newsnight*, 7 juillet 2004.

En Grande-Bretagne, ces propos ont indigné la communauté juive, et des responsables musulmans s'en sont distanciés. Mais les réactions recueillies sur le site Internet de la BBC montrent que le discours du cheikh a suscité des commentaires souvent favorables dans le grand public. Certains intervenants se sont demandés pourquoi le gouvernement britannique laissait entrer un homme « qui donne une justification religieuse au meurtre ». Mais beaucoup d'autres ont estimé que Qaradawi était un « honnête homme », bien moins dangereux que le président américain George Bush ou le Premier ministre israélien Ariel Sharon. Un Écossais se décrivant comme chrétien exposait ainsi son point de vue :

> Oui, il est juste que dans une démocratie [Qaradawi] puisse avoir la liberté de s'exprimer. Même si je trouve difficile d'être d'accord avec lui au sujet [des attentats-suicides], il a en tout cas réfléchi soigneusement à ce problème et ses opinions sont mesurées et justes. Il semble aussi respecter les autres confessions et veut encourager la réconciliation. Ce n'est pas un fondamentaliste[1].

La question centrale est posée : Yousouf al-Qaradawi est-il un extrémiste qu'il faut combattre, ou un modéré avec lequel il faut dialoguer ? Certaines de ses positions sont assurément très éloignées des normes du politiquement correct européen, par exemple lorsqu'il parle des châtiments prescrits par l'islam contre les homosexuels. Pour Qaradawi, ces punitions – lapidation, bûcher ou chute provoquée du haut d'une montagne – sont nécessaires pour préserver la « pureté » de la société islamique[2]. Certains de ses propos sur les juifs sont de la même veine. En 1995, lors d'un discours prononcé aux États-Unis, il citait un texte tiré de la tradition prophétique :

1. « Al-Qaradawi – your views », BBC News, 8 juillet 2004, texte disponible sur http ://news.bbc.co.uk.
2. *Neue Zürcher Zeitung*, 21 février 2004.

> Vous continuerez à combattre les juifs et ils vous combattront, jusqu'à ce que les musulmans les tuent. Et le juif se cachera derrière la pierre et l'arbre, et la pierre et l'arbre diront : « Ô serviteur de Dieu, ô Musulman, il y a un juif derrière moi, viens et tue-le. » La résurrection ne viendra pas avant que cela ait lieu[1].

Pourtant, la personnalité de Qaradawi est plus complexe que ne le prétendent ceux qui veulent faire de lui l'incarnation de la « menace islamiste ». Il condamne les extrémistes qui veulent cloîtrer leurs femmes dans leurs maisons, interdire le cinéma ou la télévision, ou qui jettent l'anathème sur l'ensemble du monde moderne. Ses livres fourmillent de références à des auteurs non musulmans comme Rousseau, Bertrand Russell, Kant ou Épicure. Il critique les travers du Mouvement islamique – par exemple sa propension à voir des complots partout –, l'immobilisme intellectuel des Frères musulmans et les positions de ceux qui voient le monde en noir et blanc, comme Sayyid Qutb, le penseur radical des Frères qui taxait toutes les sociétés contemporaines d'impiété. Dans ses *Priorités*, Qaradawi décrit sa position comme celle du juste milieu :

> Je pense que le Mouvement islamique doit se dégager de ces modes de pensée liés à des périodes de désarroi ou de crise, afin qu'il puisse s'orienter vers une idéologie modérée, équilibrée, qui exprime l'équilibre de la Nation islamique et du mode de vie islamique, que Dieu a voulu rendre aisé, et non pénible.

Il est intéressant de voir comment cette préférence pour une idéologie « équilibrée » se traduit dans les positions de Qaradawi sur la démocratie. Au risque de heurter les Frères musulmans égyptiens, le cheikh s'est prononcé pour le multipartisme, et l'on

1. David Kane, « Supplemental declaration in support of pre-trial detention », US district court for the eastern district of Virginia, Alexandria Division, case 03-365-A, US vs Soliman S. Biheiri, 11 septembre 2003.

trouve dans ses *Priorités* un commentaire qui rappelle Churchill, pour qui la démocratie était le moins mauvais de tous les systèmes de gouvernement :

> Je veux souligner ici que l'islam n'est pas la démocratie et que la démocratie n'est pas l'islam [...]. Je ne souhaite pas que [...] la démocratie occidentale nous arrive avec ses mauvaises idéologies et ses mauvaises valeurs, sans que nous lui ajoutions nos valeurs et nos idées pour l'intégrer dans notre système global. Cela dit, les outils et les garanties offerts par la démocratie sont ce qu'il y a de plus proche de la réalisation des principes politiques amenés sur terre par l'islam.

Dans cette conception, l'islam est en quelque sorte le précurseur de la démocratie. La notion selon laquelle tous les bienfaits que l'Occident se targue d'avoir apportés à l'humanité – de la science aux droits de l'homme – viennent en fait de l'islam est typique des Frères. Mais que se passerait-il si les citoyens de la démocratie islamique imaginée par Qaradawi votaient des lois contraires à la religion ? Le cheikh pense avoir une solution très simple pour éviter ce problème :

> [Ce cas de figure] peut être écarté par un article stipulant que toute législation contredisant les préceptes de l'islam est nulle et invalide, parce que l'islam est la religion de l'État et la source de légitimité de toutes ses institutions, et donc ne peut être contredit, car une branche ne peut aller contre le tronc principal.

La même idée avait été exprimée trente ans plus tôt par Saïd Ramadan :

> Le peuple, par l'entremise de ses représentants, n'a pas le droit de promulguer des lois contredisant la lettre ou l'esprit du Coran et de la Sunna[1].

1. Saïd Ramadan, *Qu'est-ce qu'un État islamique ?*, Genève, Centre islamique, septembre 1961.

Qaradawi et les Frères musulmans prônent donc une *démocratie limitée*. On peut imaginer que les instances chargées d'interpréter les textes religieux – des gens comme Qaradawi lui-même – joueraient dans ce régime un rôle prépondérant, en résolvant les éventuels conflits entre la volonté du peuple et celle de Dieu. En outre, la liberté d'expression y serait forcément limitée : c'est ce qu'il faut conclure de la position intransigeante de Yousouf al-Qaradawi sur l'apostasie, le fait de renier sa religion.

En juin 1992, l'écrivain égyptien Faraj Fouda est assassiné par le groupe terroriste Gamaa islamiya. Son crime : il est favorable à la laïcité et a violemment critiqué les islamistes. Les religieux de la principale université islamique d'Égypte, Al-Azhar, jugent ses propos contraires à l'islam et qualifient Fouda d'apostat. Qaradawi partage leur opinion :

> Le sécularisté qui refuse le principe de la primauté de la loi islamique n'a rien de musulman sauf le nom. Il est certainement un apostat. Ses doutes devraient être dissipés, on doit lui demander de se repentir, sinon la justice doit le déclarer comme apostat, non-musulman, et sa nationalité – son identité – islamique doit lui être retirée. Il doit être séparé de sa femme et de ses enfants et toutes les règles relatives à l'apostasie doivent s'appliquer à lui durant sa vie[1].

Le Coran ne fixe aucun châtiment précis pour l'apostasie hormis la « colère de Dieu ». Mais Qaradawi estime qu'un apostat qui invite d'autres musulmans à renier leur religion, par ses actes ou ses paroles, doit être mis à mort[2]. Il s'appuie sur une parole attribuée au Prophète par la tradition : « Quiconque change sa religion, tuez-le. » Les militants du groupe Gamaa islamiya ont poussé ce

1. « Seyyed Mutawwali al-Darsh », *Impact international*, novembre 1997.
2. « Le danger de l'apostasie… et la lutte contre la zizanie », article publié sur le site islamophile.org, 30 décembre 2002.

raisonnement jusqu'au bout : ils ont tué Fouda, en justifiant leur action par les positions des éminents « savants » qui avaient qualifié l'écrivain d'apostat.

Ce dernier exemple ne doit pas conduire à enfermer Qaradawi et le Mouvement islamique qu'il incarne dans une alternative trop simple, « extrémiste » ou « modéré ». Ils sont, plutôt, les deux à la fois : « modérés » par rapport aux terroristes d'Al-Qaida et aux intégristes qui rejettent l'ensemble du monde moderne, « extrémistes » si l'on compare leurs opinions sur la société et le monde à celles qui ont généralement cours en Occident. Ces idées à double tranchant inspirent les organisations que Qaradawi, les Frères musulmans et le « Mouvement islamique » ont léguées à l'Europe du XXIe siècle.

5

Une famille européenne

Pour comprendre l'actualité du Projet, il faut rendre visite à ses descendants. Ils sont nombreux : en Europe, l'héritage des Frères musulmans s'est perpétué à travers un ensemble de mosquées, de centres culturels, d'associations réunies dans une fédération active à l'échelle du continent, la FOIE. Ces structures entendent guider les comportements quotidiens des fidèles et influencer les gouvernements dans certains domaines clés : port du voile à l'école, conflit israélo-palestinien, guerre contre le terrorisme. Nous allons voir qu'en France, en Allemagne, en Grande-Bretagne, la popularité de ce Mouvement islamique à l'européenne ne doit pas être sous-estimée.

La foule qui s'y presse est si dense que certains participants comparent la Rencontre annuelle des musulmans de France au pèlerinage de La Mecque. A côté du parc des expositions du Bourget, près de Paris, de petits groupes d'hommes tendent des draps blancs destinés à recueillir les offrandes : « pour la mosquée, *inch'allah* », lancent-ils aux passants, « pour la mosquée, mon fils ». Sur des centaines de mètres, le long des hangars bruns, déambule une foule bigarrée où se croisent jeunes et vieux, femmes voilées ou pas, fidèles rigoristes vêtus à la façon du Prophète et simples curieux en jeans. La diversité de ce peuple musulman aux origines arabe, africaine ou française « de souche » témoigne du succès de cette manifestation. Elle attire chaque année des dizaines de milliers de personnes et serait, selon ses organisateurs, la plus grande du genre en Europe.

Placés à intervalles réguliers, talkie-walkie à la main, des jeunes gens scrutent les cohortes mouvantes qui défilent devant les hangars. Ils filtrent les entrées, surveillent le va-et-vient des bus qui transportent les visiteurs et donnent l'alerte en cas d'incident. Leurs gilets sont de couleurs diverses selon leurs fonctions : vert pour les « médiateurs », bleu ou rouge pour les « organisateurs », gris ou noir pour la « sécurité ». Tous sont des militants de l'Union des organisations islamiques de France (UOIF) qui organise le rassemblement. L'UOIF est la branche française du Mouvement islamique, et les signes de son appartenance à la grande famille des Frères musulmans sont visibles partout au Bourget.

Dans le hangar principal transformé en supermarché religieux, on trouve un choix d'articles impressionnant : survêtements portant l'insigne des Jeunes Musulmans de France, un sous-groupe de l'UOIF, pots de miel destinés à lutter contre l'« impuissance sexuelle », dessins animés narrant la vie du prophète en images de synthèse, tapis de prière et bâtonnets de bois semblables à ceux qui servaient de brosses à dents aux musulmans des premiers siècles. Des librairies proposent des ouvrages illustrés sur la fin du monde (« inéluctable » malgré les moqueries des mécréants), les démons ou l'enfer : l'un d'eux s'intitule *La Géhenne, ses horreurs et ses habitants*. D'autres livres ont un contenu plus idéologique : introduction à la pensée de Hassan al-Banna, le premier Guide des Frères, ou de l'idéologue Sayyid Qutb ; écrits de Tariq Ramadan et Yousouf al-Qaradawi ; recueil collectif sur *Les Musulmans face à la mondialisation libérale*. Les stands de pâtisseries côtoient celui du Comité de bienfaisance et de secours aux Palestiniens (CBSP), où défilent les images crues d'enfants morts et de maisons détruites. La désignation du CBSP comme relais financier du groupe terroriste Hamas par les États-Unis, en 2003, ne semble avoir nullement entravé ses activités ou réduit sa présence au Bourget.

Cette profusion de produits islamiques permet aux musulmans établis en France de baigner, quelques jours durant, dans l'« atmosphère d'islam » que Qaradawi appelait de ses vœux dans les *Priorités* de 1990. Elle est complétée par un discours structuré, qui offre aux partisans du Mouvement une vision du monde et un espoir d'améliorer leur condition. Dans une salle voisine du grand bazar religieux, des orateurs en costume cravate se succèdent sur une estrade entourée d'écrans géants. Comme des miroirs, ceux-ci renvoient l'image des spectateurs assis en rangs serrés, représentation concrète de la « communauté musulmane » dont l'UOIF veut être le porte-parole. En 2005, des banderoles exprimaient en formules courtes les idées de l'organisation : « Pour un islam authentique et citoyen » – « Une pratique adaptée au contexte » – « Une lecture fidèle au message ». L'intervention très applaudie de l'un de ses membres fondateurs, Abdallah ben Mansour, mêlait efficacement conseils de piété personnels et considérations géopolitiques sur l'état de l'*Oumma* :

> Sache que l'accident de ton fils, la maladie de ta fille, le chômage de ton mari sont des épreuves envoyées par Dieu. [...] Mais toi, en tant que musulman assis ici sur ta chaise, tu aurais pu être un Somalien souffrant de la faim, un Irakien souffrant de la tyrannie américaine, un Afghan souffrant de l'injustice occidentale. [...] Gardez vos injustices, gardez vos avions, vos chars, vos missiles : nous, les musulmans, nous avons Dieu. Et peut-être pas demain, mais sûrement après-demain, le musulman va avoir sa place dans la société.

Dans la ligne des Frères

Année après année, le succès de la manifestation du Bourget démontre la position centrale qu'occupe l'UOIF dans l'islam de France. L'organisation regroupe quelque 200 associations religieuses et pèse d'un poids déterminant au sein du Conseil français du culte musulman (CFCM), dont elle a activement encouragé la création. En 2003, lors de la première élection de cette instance représentative, l'UOIF a remporté 27 % des voix, derrière la Fédération nationale des musulmans de France (FNMF), d'obédience marocaine (39 %), mais loin devant la Mosquée de Paris, proche du gouvernement algérien (12 %)[1]. En 2005, son influence a reculé, mais l'UOIF reste la deuxième force au sein du CFCM, derrière la FNMF, et à égalité avec la Grande Mosquée de Paris.

Cette volonté d'insertion dans le paysage institutionnel français se traduit de plusieurs façons. Les dirigeants de l'UOIF se réclament d'un islam « citoyen », présenté comme un juste milieu entre intransigeance et négligence. Ils utilisent un vocabulaire un peu pesant, mais garant du caractère « français » et relativement sophistiqué de l'organisation. La présentation de l'édition 2005 de la rencontre du Bourget, organisée sur le thème « Islam de France, quel contenu ? », donne un échantillon de ce style :

> S'il n'est pas souhaitable de penser séparément « Islam de France » et Islam tout court, il n'en demeure pas moins indispensable d'en clarifier la spécificité, le caractère inédit et donc le contenu afin de mettre en évidence l'harmonie possible entre citoyenneté et conviction religieuse, entre autonomie et soumission à Dieu.
>
> Ces deux facettes [...] apparemment antinomiques dans l'idéologie régnante de notre époque sont constitutives de l'identité musulmane et restent, dans un contexte nouveau, d'abord et avant tout la marque d'une relative indétermination de l'identité des citoyens français de confession musulmane.

1. Valérie Amiraux, « CFCM, a French Touch ? », ISIM newsletter, juin 2003. Lors de l'élection, chaque mosquée française disposait d'un nombre de voix proportionnel à sa superficie.

L'UOIF se présente comme une organisation « indépendante », guidée « par le seul intérêt de la communauté musulmane de France ». Elle refuse « l'émergence sur le territoire français ou l'importation, au nom de l'islam, des problèmes ou conflits étrangers ». Elle n'a, selon ses responsables, aucun « lien organique » avec les Frères musulmans, mais se rattache au Mouvement islamique international que ces derniers ont implanté en Europe. C'est ce que montre son amour immodéré pour la pensée de Yousouf al-Qaradawi, dont les livres sont présents en masse au Bourget. Une photo du cheikh, voile blanc sur la tête, accueille les visiteurs à l'entrée du grand marché d'articles islamiques ; il a été l'invité de marque de la manifestation en l'an 2000 ; l'année suivante, les organisateurs diffusaient en boucle son discours en arabe sur un écran géant[1]. Qaradawi est la référence idéologique officielle de l'UOIF. L'organisation recommande à ses partisans de suivre les recommandations du Conseil européen des *fatwas* qu'il préside. Qaradawi est aussi membre du conseil scientifique de l'Institut européen des sciences humaines, centre de formation de l'UOIF installé dans un manoir coquet de Château-Chinon, au centre de la France. Les « cadres musulmans » qui en sortent sont censés contribuer à « l'intégration positive des musulmans dans les sociétés européennes ».

Paradoxalement, alors que l'UOIF proclame son caractère strictement national, le site Internet de son Institut la définit comme « le représentant en France » de la Fédération des organisations islamiques en Europe (FOIE). C'est une structure diffuse, presque fantomatique. Son secrétariat général est une boîte postale située dans la banlieue de Zurich, en Suisse ; son bureau principal se trouve à Leicester, en Grande-Bretagne ; son emblème est un Coran projetant des rayons lumineux sur l'Eurasie, du Portugal aux frontières de la Chine.

La FOIE entend « maintenir, favoriser et développer la présence

1. John Bowen, « Islam in/of France : dilemmas of translocality », intervention devant la 13e Conférence des européanistes, Chicago, 14-16 mars 2002.

musulmane en Europe de façon à ce que l'islam y soit introduit de façon adéquate » et « représenter les musulmans auprès des autorités européennes ». Son président, Ahmed al-Rawi, travaille sur le campus gazonné de la Fondation islamique de Leicester, institut très lié au Jamiat-i-islami, l'*alter ego* de la confrérie au Pakistan. Les relations entre la FOIE et les Frères musulmans « historiques » sont bien réelles, mais complexes. Les responsables de la FOIE assurent qu'ils ont toujours refusé une intégration formelle dans les structures de la confrérie, malgré les avances pressantes de celle-ci[1]. Le Guide des Frères égyptiens, Muhammad Akef, explique que les organisations européennes qui composent la FOIE suivent « une ligne similaire » à celle de la confrérie :

> Ces organisations et institutions sont indépendantes et autonomes. Nous ne les contrôlons pas. Ce sont les Frères à l'étranger qui dirigent ces organisations. Les structures liées à Qaradawi sont des organisations de la confrérie dirigées par les Frères de différents pays. [...] Chaque organisation suit ses propres règles. Nous coordonnons notre action avec d'autres, qui ne sont pas des membres de la confrérie mais qui partagent les mêmes idées. Ceux qui coopèrent avec nous ne sont pas tous des Frères [...] mais nous avons tendance à ne pas faire de distinction entre eux[2].

En elle-même, la FOIE n'est qu'une coquille administrative presque vide. Sa force réside dans l'ancrage de ses membres dans presque toute l'Europe. Et leur histoire ramène toujours au même point de départ : les Frères musulmans.

Instruits, formés au travail politique, ils ont encadré les immigrés venus travailler en Europe pendant le miracle économique de l'après-guerre. En France, ils ont été à l'origine de la création de l'UOIF en 1983, comme l'explique Abdallah ben Mansour :

1. Entretien avec Abdallah ben Mansour, 27 mars 2005.
2. Entretien avec Muhammad Akef, Le Caire, 29 mars 2005.

> Pour avoir une mosquée, il faut avoir une association. Nous, les étudiants, nous étions les gens les plus lettrés de la communauté, nous avons créé les douze associations qui se sont réunies au sein de l'UOIF. Elles étaient pilotées par les étudiants parce qu'ils étaient l'élite des musulmans de France. Même s'ils n'en étaient pas membres, tous ces étudiants étaient issus de l'école, de la pensée des Frères musulmans. Il n'y a pas de lien organique entre les organisations qu'ils ont créées en Europe et les Frères, mais notre grille de lecture générale coïncide avec celle des Frères[1].

Pour Abdallah ben Mansour, les services de renseignements européens qui assimilent l'UOIF et les autres composantes de la FOIE aux Frères musulmans égyptiens commettent une erreur de perspective :

> Il y a une mouvance, mais elle n'appartient plus aux Frères musulmans. Les services français croient que c'est la même chose parce que leurs homologues des États arabes le leur disent. Mais en fait, les Frères n'existent en tant que tels que dans les pays arabes. Il y a une coordination qui regroupe les Frères d'Égypte, de Jordanie, de sept ou huit pays en tout. Il y a des membres des Frères en Europe, mais pas de lien organique avec la coordination arabe. Dire que l'UOIF fait partie des Frères musulmans, c'est comme de dire que les socialistes français appartiennent au Parti communiste.

Premier maître à penser de l'UOIF, Fayçal Maulaoui est une preuve vivante de la filiation entre Frères musulmans et islamistes européens de la nouvelle génération. Cheveux blancs, vêtu d'un gros manteau qui rappelle sa fonction d'ancien juge, cet homme affable vit au Liban mais se rend souvent en Europe. Il a

1. *Ibid.*

participé à la création du Conseil européen des *fatwas*, dont il est le membre le plus éminent après Yousouf al-Qaradawi. Il a été l'un des premiers à diffuser en France les idées des Frères musulmans : l'islam comme système complet de vie, voué à investir le champ politique pour créer l'État islamique. Au début des années 80, il devient le guide spirituel du Groupement islamique en France, précurseur de l'UOIF[1].

Dans la luxueuse mosquée de Dublin, assis devant un mur de livres aux reliures dorées, Fayçal Maulaoui souligne que le Mouvement islamique qu'il dirige au Liban n'est pas une branche des Frères musulmans égyptiens, mais partage leur philosophie au point de ne plus s'en distinguer vraiment :

> La communauté islamique au Liban et moi-même sommes sur la ligne de l'imam Hassan al-Banna, nous avons lu ses livres et nous avons commencé notre travail sur cette base [...]. De la sorte, nous avons de bonnes relations avec les mouvements qui sont en accord avec la méthodologie de la confrérie, même si le mouvement au Liban n'en fait pas partie. Il y a une coordination entre tous les groupes au niveau international. On discute, on consulte, on coopère. Les autres mouvements islamiques pensent à peu près de la même façon que moi, de sorte que, par exemple, les Frères musulmans jordaniens disent que je suis un membre de la confrérie.

C'est dans cet esprit de « coordination » que Fayçal Maulaoui a participé à la création de l'UOIF et de son pendant européen, la FOIE :

> J'ai contribué à la création des deux organisations, au niveau français d'abord, puis au niveau européen. La FOIE garantit l'unité de ses composantes mais leur laisse une entière liberté de définir leurs politiques, car chaque pays a ses circonstances par-

1. Gilles Kepel, *Les Banlieues de l'islam*, Paris, Seuil, 1987, p. 258.

ticulières. C'est un peu comme l'Union européenne : une fédération flexible, où les États conservent leur pouvoir de décision.

Ces propos illustrent la nature réticulaire, polymorphe, du Mouvement islamique en Europe : ce n'est pas un parti pyramidal dirigé par quelque Bureau politique du Caire, mais une congrégation souple de structures unies par leur idéologie commune et ce que Fayçal Maulaoui appelle la « méthodologie » des Frères musulmans.

Quand le religieux libanais arrive en France, en 1981, les quelques organisations islamiques existantes sont peu sophistiquées. Le caractère artisanal de leur action transparaît dans le périodique *Le Musulman*, édité par une structure proche des Frères musulmans syriens, l'Association des étudiants islamiques de France (AEIF). Pour donner aux croyants la possibilité de mener « une véritable vie islamique », l'AEIF illustre par des images naïves la façon de faire la prière. La couverture du numéro de mars 1980 du *Musulman*, ornée d'une mosquée dessinée à la main, trahit de façon touchante le manque de moyens des groupes islamistes de l'époque.

Dans ce monde fruste, Fayçal Maulaoui et ses partisans apportent une nouvelle façon de « faire de l'islamisme ». Son Groupement islamique en France est le premier à organiser des camps et des activités sportives, des manifestations politiques, des actions de solidarité internationale – au profit, notamment, des Afghans combattant les troupes soviétiques qui ont envahi leur pays[1]. Les précurseurs de l'UOIF innovent en mettant sur pied des conférences où interviennent des intellectuels islamistes connus. C'est ainsi qu'est né le circuit de rassemblements politico-religieux qui, du Canada à la Malaisie en passant par Londres, Le Bourget ou la Belgique, permet de diffuser parmi les musulmans les lignes directrices d'un islam « authentique », dont la pensée des Frères demeure le socle inamovible.

1. *Ibid.*, p. 264-266.

Puis, dans le sillage de pionniers comme Maulaoui, apparaissent une multitude d'associations destinées à prendre en charge certains secteurs sociaux jugés particulièrement importants : étudiants, femmes et jeunes. En France, ces structures sont la Ligue française de la femme musulmane, les Étudiants musulmans de France ou les Jeunes Musulmans de France, tous liés à l'UOIF. En Belgique, au début des années 80, l'aile syrienne de la confrérie crée un premier lieu de culte à Bruxelles. Selon le commissaire-islamologue belge Alain Grignard, « cette mosquée va rapidement se doter de l'appareil de propagande habituel aux Frères musulmans par le biais d'une nébuleuse d'associations à vocation socio-politique[1] » : Travailleurs musulmans, Étudiants musulmans ou Ligue d'entraide islamique. L'aile égyptienne des Frères crée ensuite ses propres structures : Union islamique de la jeunesse, Association humanitaire pour la promotion de la jeunesse belge ou Centre islamique belge. Elles gravitent autour de la Ligue islamique interculturelle de Belgique, structure faîtière qui est membre de la FOIE.

On retrouve ailleurs ces associations satellites qui, formellement, n'ont pas de liens avec les Frères. L'Assemblée mondiale de la jeunesse musulmane, basée en Arabie Saoudite, ou la Fédération islamique internationale des organisations estudiantines diffusent dans le monde entier une abondante littérature gratuite qui va remplir les bibliothèques des centres islamiques les plus reculés. Ce déguisement associatif permet de diffuser l'idéologie des Frères en leur ménageant des entrées point trop voyantes auprès d'un public non averti.

Le Projet, remis au goût du jour

Le cas de la Suisse offre un exemple parlant des idées politiques dont les organisations européennes proches des Frères veulent

1. Alain Grignard, « L'islam radical et sa présence en Belgique », manuscrit non daté, aimablement transmis par son auteur.

imprégner leurs partisans. La Ligue des musulmans de Suisse, branche locale de la FOIE, a pour objet d'« instruire le musulman pour préserver son identité et sa personnalité islamique afin qu'il puisse accomplir son rôle civilisationnel ». La Ligue organise des rencontres de femmes, des camps pour jeunes avec visites de parcs d'attraction, cours du Coran et conférences-débats. Chaque année, elle organise un Bourget miniature où se croisent quelques centaines de fidèles, convertis aux barbes rousses, islamistes arabes en exil ou familles bosniaques.

Le 21 septembre 2002, la Ligue tient son congrès annuel au bord d'un petit lac alpestre. Au menu : des stands vendant les livres de Yousouf al-Qaradawi, de Tariq Ramadan et de son frère Hani ; des quêtes en faveur des Palestiniens ; un repas de viande de mouton servi à la cantine contre le coupon remis par les organisateurs.

Dans une salle de gymnastique aménagée pour l'occasion, des conférenciers sont venus parler d'un thème actuel : « La communauté musulmane sur la scène européenne après le 11 septembre – Vers une compréhension des nouveaux défis et réactions ». Le décor est classique : femmes voilées et hommes alignés en deux groupes séparés face à l'estrade ; murs décorés de grandes photographies montrant des soldats israéliens maltraitant des Palestiniens, qui relient par l'image les musulmans de la paisible Helvétie aux souffrances de l'*Oumma*. Le premier orateur encourage l'assistance à ne pas craindre le tumulte consécutif aux attentats de New York et Washington. Sommairement traduit en français par un interprète amateur, il paraphrase Hassan al-Banna, le premier Guide des Frères :

> Donnez-moi 12 000 hommes et je traverserai les mers pour affronter les tyrans. [...] Ne craignez pas les infidèles, craignez Allah. Aux États-Unis, il y a eu 25 000 nouveaux convertis depuis le 11 septembre. Sans l'islam on n'est rien. Allah donnera la victoire à cet islam, avec ou sans nous. On ne peut pas éviter la politique, car elle fait partie de notre religion.

Deux hommes venus du Liban lui succèdent. Ils ont une allure typiquement « Frères musulmans » : costumes, cravates et barbes courtes. Leur discours illustre la permanence des stratégies décrites dans le Projet, puis dans les *Priorités* de Qaradawi : la Palestine comme front central de la lutte de l'*Oumma*, l'importance des musulmans d'Occident comme force d'appoint dans cette bataille, la recherche d'alliance avec les autres forces politiques. S'y ajoute une justification des attentats-suicides, et un appel à diviser l'Europe et les États-Unis :

> Les musulmans sont comme un corps [...]. Le peuple palestinien est le seul à défendre notre *Oumma*. Les attentats-suicides sont un grand sacrifice. Les mères envoient leurs enfants et prient toute la nuit pour qu'ils deviennent des *chahid* [...]. Les musulmans d'Europe peuvent aider les Palestiniens. Il faut se demander : qu'a-t-on fait pour nos frères palestiniens ? Ici personne n'est arrêté pour avoir manifesté pour les Palestiniens. Il faut en profiter pour se montrer en public, faire du lobbying et des manifestations. La relation entre Israël et le système occidental doit être coupée. Il faut isoler Israël, ne pas acheter de produits israéliens. Il faut diviser l'Europe des États-Unis. Il faut renforcer les liens avec les sociétés religieuses, les Églises, les cercles civils, les organisations qui boycottent Israël en Europe.

Les orateurs envient les relais nombreux et bien financés dont les « sionistes » disposent en Occident, ainsi que leur capacité à se faire passer dans les médias comme des « hommes de paix » : les musulmans, concluent-ils, doivent s'inspirer de leur exemple et mettre en place leur propre réseau, qui serait opposé dans son objectif – détruire Israël –, mais doté d'une capacité de mobilisation équivalente.

La ressemblance de ce discours avec les idées des Frères musulmans n'a rien de fortuit : il y a une continuité *physique* entre les Frères « historiques » et la Ligue des musulmans de Suisse, fondée au début des années 90. L'ambassadeur de la Ligue auprès des autorités politiques nationales est un certain Ibrahim Salah : selon un exilé arabe qui l'a fréquenté, c'est un ancien de l'« Organisation spéciale » des Frères musulmans et un ami de Youssef Nada. Comme lui, il a vécu l'enfer des prisons égyptiennes, la torture et l'exil avant de devenir un homme d'affaires prospère en Suisse. Depuis, il organise des cocktails qui réunissent diplomates arabes et fonctionnaires locaux, et négocie avec les autorités sur des sujets comme les cimetières musulmans.

Au sein de la Ligue des musulmans de Suisse, Khaldoun Dia-Eddine anime des ateliers à l'intention des convertis, ou sur le thème : « Comment vivre sa foi ». Ce Syrien dirige le bureau suisse de l'IICO, organisation humanitaire où siègent Qaradawi, le codirecteur de la banque Al-Taqwa, Ghaleb Himmat, et un haut dignitaire du Jamiat-i-islami pakistanais. De 1989 à 1993, il a travaillé pour la société Al-Taqwa[1].

Dans les réunions de la Ligue, on croise aussi nombre de Tunisiens membres du parti islamiste Ennahdah (« Renaissance »). Selon les autorités américaines, c'est l'un des mouvements que la banque Al-Taqwa a contribué à financer. L'un de ses militants, chauffeur de taxi dans une petite ville suisse, expliquait en 2002 avoir fui la Tunisie, devenue pour les militants islamistes une vaste prison – « il faut se présenter au poste de police même quand on est en liberté ». Exfiltré par l'organisation clandestine d'Ennahdah, il retrouve régulièrement ses camarades dans le cadre de la Ligue :

> Ils sont des centaines comme moi ici [...]. Il y a aussi beaucoup de Frères libyens. On veut s'intégrer mais pas se dissoudre. On veut garder nos valeurs islamiques, car c'est à cause d'elles que nous sommes ici.

1. Département américain du Trésor, Service des douanes des États-Unis, « Report or investigation/Interview of Soliman Biheiri », 14 juillet 2003, p. 9.

Le parti Ennahdah, interdit et réprimé par le régime autocratique tunisien, est considéré comme une extension du Mouvement islamique. Son chef spirituel, Rachid Ghannouchi, exilé à Londres, est l'un des théoriciens de « l'intégration sans dissolution » des musulmans en Occident, et son groupe a fourni à l'UOIF des cadres dévoués[1].

Le Centre islamique de Genève est un autre élément de continuité entre les Frères musulmans de la première génération et l'islamisme européen du XXIe siècle. L'ancien centre de propagande, le *think-tank* de Saïd Ramadan s'est transformé en lieu de vie pour les musulmans locaux sous la houlette de son fils Hani, prédicateur très actif en Suisse comme en France. Il offre tous les éléments d'une vie communautaire aboutie : club de football et de *kick-boxing*, « rencontres familiales » avec chants islamiques, prestidigitateurs, concours et cadeaux pour enfants, le tout entremêlé de conférences destinées à réfuter les théories de Darwin ou à compatir aux souffrances des Palestiniens.

Entre normalité et radicalisme

Ces rapports de filiation avec les Frères musulmans se retrouvent dans la plupart des organisations qui, comme la Ligue suisse et l'UOIF, sont membres de la FOIE. Ainsi, la « Communauté islamique d'Allemagne » est directement issue du Centre islamique de Munich, petite mosquée à coupole bleue installée au bord d'une forêt, dans les quartiers nord de la capitale bavaroise. Le centre était dirigé jusqu'en 2002 par Ghaleb Himmat, le numéro deux de la banque Al-Taqwa, qui fut l'associé de Saïd Ramadan durant la construction de la mosquée. Depuis sa fondation, il a essaimé à Francfort, Cologne, Stuttgart et d'autres villes.

1. Gilles Kepel, *A l'Ouest d'Allah*, *op. cit.*, p. 296 sq.

Il a créé autour de lui l'habituelle nébuleuse de structures formellement indépendantes – Association pour la promotion des enfants et des jeunes musulmans, Aide islamique contre la drogue ou encore Union des étudiants musulmans en Allemagne[1]. En 2002, Ghaleb Himmat a dû quitter ses fonctions de directeur en raison de l'enquête menée contre lui en Suisse. Il a été remplacé par Ahmad von Denffer, un converti à la stature imposante qui rêve de rendre la société allemande « conforme à l'islam ». Ce dernier semble croire que, depuis le séjour du dernier Guide égyptien, les Frères musulmans se sont en quelque sorte évanouis dans la nature :

> Les Frères musulmans ont existé, c'est clair, mais existent-ils encore aujourd'hui ? Comment peuvent-ils fonctionner, puisqu'ils sont interdits en Égypte ? Je ne vois pas très bien comment ils feraient concrètement [...]. De toute façon, nous sommes un centre qui s'occupe surtout des problèmes locaux de la communauté, non des questions internationales[2].

Les autorités allemandes affirment pourtant que le centre et la Communauté islamique d'Allemagne qui en est issue sont dominés par les Frères musulmans. La littérature que l'on trouve dans la mosquée de Munich corrobore partiellement cette affirmation : les œuvres du penseur pakistanais Maudoudi, grand idéologue du Mouvement islamique, sont présentes en abondance. L'un de ces opuscules, diffusé par la Fédération islamique internationale des associations estudiantines, filiale officieuse des Frères, affirme que « le *jihad* est un devoir aussi obligatoire et primordial que la prière quotidienne ou le jeûne. Celui qui cherche à s'y soustraire est un pécheur[3] ». Maudoudi était un partisan déclaré

1. Ministère de l'Intérieur, Land de Rhénanie-Westphalie, « Islamische Gemeinschaft in Deutschland », texte tiré du site www.im.nrw.de.
2. Entretien avec Ahmad von Denffer, 27 janvier 2005.
3. Aboul-Ala Maudoudi, *Weltanschauung und Leben im islam*, IIFSO, Koweït City, 1997.

du *jihad* offensif, la conquête des terres infidèles par l'islam. Mais cet ouvrage ne va pas aussi loin : le *jihad*, explique-t-il, n'est obligatoire que face à « ceux qui se soulèvent contre les musulmans ou les menacent » – une formulation qui laisse quelque place à l'interprétation.

Au fil du temps, le centre de Munich et la Communauté islamique d'Allemagne ont évolué en deux entités séparées. Mais la parenté entre elles est évidente : dans les années 90, le directeur de la Communauté, Ibrahim el-Zayyat, était responsable d'une filiale du centre munichois à Marbourg. Proche de l'organisation panislamiste turque Milli Görus, qui s'inspire des Frères musulmans, il fait office d'ambassadeur de la FOIE auprès des institutions européennes à Bruxelles.

Cette généalogie limpide ne peut faire oublier qu'il y a plusieurs histoires des Frères musulmans en Europe. La ville allemande d'Aix-la-Chapelle, toute proche des frontières belge et néerlandaise, en garde le souvenir sous forme d'une mosquée peinte en vert pistache, dressée entre des voies de chemin de fer et le campus de l'université technique. C'est là qu'Issam al-Attar et les Frères musulmans syriens se sont réfugiés dès les années 60 ; à Aix aussi qu'en 1981 les agents syriens ont tué la femme d'al-Attar dans son appartement.

Le centre d'Aix baigne encore dans cette histoire douloureuse : début 2005, Issam al-Attar est toujours son président d'honneur, le « grand ancien » qui lui confère, par son prestige et ses talents oratoires, une certaine visibilité. Le secrétaire du centre est aussi un exilé syrien de longue date. Mais la déléguée aux relations publiques, Hildegard Mazyek, est une Allemande convertie à l'islam. Le visage enserré dans un foulard vert clair, elle dit vouloir faire évoluer le centre vers un islam moins politisé, rajeuni, libéré de l'héritage des exilés :

> Nous voulons construire notre propre identité, vivre l'islam, pas faire de la politique [...]. On voudrait que l'islam soit

considéré comme une religion normale. Les Frères musulmans, c'est quelque chose qui est lié aux gens qui venaient des pays arabes. On ne peut plus dire qu'on en fait partie car ce mouvement a été discrédité. On n'en parle jamais ici. Les jeunes n'ont pas ces idées, ils ne veulent rien avoir à faire avec ce fardeau hérité du passé[1].

Mme Mazyek incarne le dilemme de musulmans européens tiraillés entre leur soif d'une vie islamique « authentique » et leur envie de voir leur religion devenir « normale » – c'est-à-dire, dans le contexte européen, dépourvue de visées révolutionnaires ou radicales. Mais le « fardeau hérité du passé » est encore présent dans le centre d'Aix. Les exilés syriens y prédominent parce qu'ils passent pour des « savants » qui connaissent mieux l'islam que les autres fidèles. Dans la librairie, on retrouve le credo des Frères musulmans sous forme d'ouvrages de Maudoudi et Sayyid Qutb. Le livre de Qutb, diffusé par la Fédération islamique internationale des organisations estudiantines, offre un résumé compact de la pensée de cet écrivain que son martyre aux mains des nassériens a rendu très populaire au sein du Mouvement islamique. Son œuvre est d'abord une critique cinglante de la vie moderne :

> Les hommes sont aujourd'hui habités par le souci et la peur, le déséquilibre et l'anxiété. Ils fuient [...] dans l'opium, l'alcool ou le haschisch, sont fous de vitesse et des aventures les plus extravagantes. Et tout cela malgré leur bien-être matériel, leur productivité élevée et une vie facile, remplie de plaisirs et de distractions. En fait, le vide et l'anxiété croissent à mesure qu'augmentent leur bien-être matériel et les agréments de leur vie. Ce vide intérieur poursuit l'homme comme un affreux fantôme. L'homme le fuit, mais il le rattrapera inévitablement.

1. Entretien avec Hildegard Mazyek, Aix-la-Chapelle, 26 janvier 2005.

> La première impression que chacun retire d'une visite des pays les plus riches de la terre – emmenés par l'Amérique et la Suède – est que les gens fuient devant ces fantômes qui les poursuivent[1].

Le livre évoque aussi les «forces obscures» qui, de tout temps, ont combattu l'islam. Sur une étagère voisine, une brochure sur «l'Islam et l'Occident» reprend les mêmes thèmes: affrontement épique entre foi et incroyance, «croisade» du matérialisme contre l'islam, opposition entre l'homme occidental solitaire, stressé, et la communauté musulmane pleine de fraternité et de chaleur, croyance messianique, enfin, que l'islam est «une chance pour l'Occident – peut-être la dernière» avant l'effondrement final[2]. Cette rhétorique influe négativement sur les efforts de «normalisation» de Mme Mazyek: le centre d'Aix est surveillé par les services allemands de «protection de la Constitution», qui estiment à 320 le nombre de Frères musulmans résidant dans la région alentour[3].

Une structure «clandestine» – mais toujours plus visible

Au début des années 80, le groupe d'al-Attar s'est étendu en Belgique, où la police s'intéresse aussi aux Frères. Le rapport produit en 2001 par une commission parlementaire belge affirme qu'il existe une structure occulte des Frères en Europe:

> Les Frères musulmans internationalistes regroupent des sympathisants de diverses nationalités. Répartis dans toute l'Europe et liés au siège mondial des Frères en Égypte, ils

1. Sayyid Qutb, *Dieser Glaube der Islam*, Koweït, Al Faisal Press, 1992.
2. Murad Hoffmann, *Islam und den Westen*, Centre islamique d'Aix-la-Chapelle, 1998.
3. Ministère de l'Intérieur, Land de Rhénanie-Westphalie, «Muslimbrüderschaft», texte téléchargé depuis le site www.im.nrw.de.

> travaillent de concert à la réislamisation de la société à l'échelle mondiale. [...] La Sûreté de l'État suit les activités déployées par les Frères musulmans internationalistes en Belgique depuis 1982. [Ils] disposent d'une structure clandestine en Belgique depuis près de vingt ans. L'identité des membres est secrète ; ils opèrent dans la plus grande discrétion[1].

Une source européenne qui a étudié les structures de la confrérie cite l'exemple du Tunisien Walid Benani, qui serait devenu chef des Frères en Belgique après être passé par le comité directeur du mouvement islamiste Ennahdah. Et d'autres cas existent, selon le spécialiste attitré des autorités belges, Alain Grignard :

> Il y a en Belgique des gens qui ont fait le serment d'allégeance aux Frères musulmans et qui nous l'ont dit. Pour nous, le fait que des gens prononcent encore ce serment est indiscutable[2].

Mais la nature « clandestine » ou simplement très discrète du groupe n'est plus aussi marquée que par le passé, comme le démontre le cas de la Grande-Bretagne. Dans ce pays où l'immigration issue des pays musulmans est plus ancienne que dans le reste du continent, la présence des Frères a pris un caractère presque institutionnel. Elle se manifeste dans des structures comme la Fondation islamique de Leicester, créée et dirigée par un haut dignitaire du Jamiat-i-islami pakistanais, Kurshid Ahmad. Il existe une convergence presque totale de vues entre ce parti, qui est peut-être la plus grande organisation islamiste du monde, et les Frères musulmans, comme l'a expliqué en 1993 le chef du Jamiat, Qazi Ahmed Hussain :

1. Comité permanent de contrôle des services de renseignements du Parlement belge, Rapport d'activité 2001, p. 101-102. Le document est accessible sur le site www.comiteri.be.
2. Entretien avec Alain Grignard, 16 juillet 2004.

> Nous nous considérons comme une partie intégrante de la confrérie et du mouvement islamique en Égypte, au Soudan, en Malaisie. Notre nation est une. La fondation intellectuelle de notre mouvement est une : basée sur le Coran et la Sunna, et sur les enseignements de l'imam Hassan al-Banna et de l'imam Maudoudi[1].

Cette ascendance qui la lie aux pères du Mouvement islamique est parfaitement assumée par la Fondation. Disposées sur un campus verdoyant, entre des pelouses soigneusement tondues, ses principales salles de réunion portent les noms de Hassan al-Banna, le premier Guide des Frères, et de Maudoudi, fondateur du Jamiat-i-islami et ami de Saïd Ramadan. C'est là que loge l'évanescente FOIE, la Fédération des organisations islamiques d'Europe. La Fondation de Leicester, qui est l'université islamiste la plus richement dotée du continent, aime se présenter comme un pont entre les cultures :

> La Fondation est une institution académique pionnière, britannique et musulmane, qui œuvre à promouvoir la compréhension entre l'Islam et l'Occident[2].

Le contenu des cours qui y sont dispensés est « de moins en moins radical », affirme le chercheur suisse Stéphane Lathion, un ami d'enfance de Tariq Ramadan qui, comme lui, y a étudié :

> Pour moi, les animateurs de la Fondation ne sont pas des gens dangereux mais plutôt des fonctionnaires qui font un énorme travail au niveau local, tant pour les musulmans qu'en collabo-

1. Cette déclaration est reproduite dans un document de la Police judiciaire fédérale (Suisse), note n° 0502, « Vidéocassette du voyage en Afghanistan de Ghaleb Himmat, mars 1993 ». Le document n'est ni daté ni signé. A ce sujet, voir le chapitre 7.
2. Islamic Foundation, communiqué de presse, « Times' Terrorism Claims Dismissed as "Malicious Falsehood" », 29 juillet 2004.

ration avec les autorités. Ils donnent, par exemple, des cours aux policiers. En outre, c'est un endroit idéal pour les chercheurs, car ils ont la bibliothèque sur l'islam la mieux fournie d'Europe[1].

La Fondation édite en langue anglaise des ouvrages destinés à alimenter le dialogue entre islam et Occident, comme *Être musulman européen* de Tariq Ramadan. D'autre part, effet du relatif « extrémisme » de ses origines intellectuelles, elle traduit le monumental commentaire du Coran de Sayyid Qutb, l'idéologue des Frères pendu en 1966. Dans des publicités vantant cet ouvrage, *A l'ombre du Coran*, la Fondation met en exergue des citations qui présentent Qutb comme « l'architecte de l'islam radical »[2]. Le lecteur non averti risque de trouver à ce livre un caractère antisémite prononcé, ainsi qu'un penchant aux diatribes vitriolées contre tout ce que représente l'Occident. Qutb a consacré de larges parties de son commentaire à ce qu'il considérait comme les perfidies incessantes des juifs, et accusait les sécularistes de tous horizons de vouloir anéantir l'islam sous couvert de modernisation. L'ouvrage est préfacé par le frère de Qutb, Mohammad, qui fut le professeur d'université d'Oussama ben Laden en Arabie Saoudite. Mais, dans l'esprit de la Fondation, cette publication est censée contribuer à une meilleure « compréhension » entre musulmans et Occidentaux.

Dans le monde de l'après-11 septembre, cette position ambiguë, à la fois « modérée » et « extrémiste », devient source de difficultés. Le quotidien conservateur *Times* a relevé certaines déclarations prononcées par le président du Conseil de la Fondation Kurshid Ahmad, qui qualifiait les zones contrôlées par les Talibans afghans

1. Entretien avec Stéphane Lathion, Genève, 21 janvier 2004.

2. Voir notamment diverses éditions de *Impact International*, Londres. L'auteur remercie Jean-François Mayer de les avoir aimablement mises à sa disposition.

3. *Eastern Eye*, Londres, 6 août 2004. Protecteurs d'Oussama ben Laden à partir de 1996, les Talibans ont été renversés par l'intervention occidentale en Afghanistan, fin 2001.

de «berceau de justice et de paix»[3]. La Fondation a réagi, expliquant que les citations ont été extraites de leur contexte et affirmant que les accusations du *Times* s'inscrivent dans une «campagne de droite, antimusulmane, qui vise à saper les organisations et les musulmans modérés *[mainstream]* en les associant au "terrorisme"[1] ». La Fondation rappelle aussi qu'en 2003 son nouveau bâtiment académique a été inauguré par le prince Charles en personne.

La visite de Yousouf al-Qaradawi à Londres a causé des problèmes sérieux à une autre branche du Mouvement islamique, l'Association des musulmans de Grande-Bretagne ou MAB, représentante de la FOIE sur le sol britannique. C'est elle qui a organisé l'invitation du cheikh. En juillet 2004, les propos de celui-ci sur les attentats-suicides palestiniens déclenchent un nouveau tir de barrage de la presse conservatrice, que la MAB attribue à des «éléments d'extrême droite et islamophobes» alimentés par le Mossad israélien[2]. Mais la controverse pousse aussi la MAB à lever un coin du voile sur ses relations avec les Frères musulmans – un sujet tabou pour la plupart des organisations islamiques européennes, qui assurent régulièrement n'avoir «aucun lien» avec la confrérie.

Répondant à un nouvel article du *Times*, l'Association des musulmans de Grande-Bretagne publie, en août 2004, un long communiqué destiné à expliquer «qui nous sommes, ce en quoi nous croyons, ce que nous défendons et ce que nous voulons[3]». Comme l'UOIF, la MAB insiste sur son caractère national et autonome: elle se considère comme une «organisation musulmane britannique indépendante». Mais dans ses rangs se trouvent des gens «qui, dans leurs pays d'origine, étaient membres des Frères musulmans, et leur niveau de conscience, de compréhension, leur talent et leur compétence étaient de nature à servir la MAB et ses objec-

1. Islamic Foundation, communiqué de presse, *op. cit.*
2. «MAN condemns renewed attack on cheikh al-Qaradawi», communiqué de presse, 12 janvier 2005.
3. «MAB responds to vile attack», communiqué de presse, 12 août 2004.

tifs ». L'un de ses fondateurs, Kamal Helbawi, est devenu en 1995 le porte-parole officiel des Frères musulmans à Londres. L'expérience a tourné court et Helbawi, déçu, dit s'être éloigné des Frères[1]. Il a été le premier président de la MAB, de 1995 à 1997. Un autre dirigeant de la MAB, Anas Altikriti, est le fils du chef des Frères musulmans irakiens.

L'Association dit avoir de bonnes relations avec toutes les organisations islamiques « modérées » du Royaume-Uni – dont les Frères musulmans, qui prônent selon elle un « dialogue ouvert avec le reste de l'humanité ». L'Association « se réserve le droit d'être fière des principes humains des Frères musulmans, qui ont été une source d'inspiration pour les musulmans, arabes ou autres, durant plusieurs décennies ». Sayyid Qutb est « l'un des plus grands penseurs et intellectuels musulmans de son temps », mais l'Association ne partage pas toutes ses analyses, notamment sur l'incompatibilité de la démocratie et de l'islam. Après tout, Qaradawi, selon la MAB « l'érudit le plus connu et le plus respecté du monde musulman aujourd'hui », n'a-t-il pas critiqué aussi la vision du monde trop pessimiste de Qutb ?

Cette déclaration ne dit peut-être pas tout. Mais elle montre que certaines organisations islamistes européennes sont prêtes à rompre, au moins partiellement, avec la culture du secret qui les caractérisait. Cette transparence accrue correspond aussi à la ligne politique résolument « européenne » de la MAB :

> Notre lutte ici en Europe aujourd'hui ne vise pas à imposer l'islam mais à avoir la liberté de vivre selon ses enseignements sans empiéter sur les droits d'autrui[2].

Depuis la visite tumultueuse du cheikh Qaradawi à Londres, la MAB a redoublé d'efforts pour parfaire son image de groupe

1. « Des Frères musulmans divisés », *Le Monde diplomatique*, avril 2000.
2. « MAB responds », *op. cit.*

« modéré » prêt à défendre la démocratie britannique contre les excès de certains extrémistes musulmans, par exemple Abou Hamza, le caricatural « capitaine Crochet » de la mosquée londonienne de Finsbury Park. Le 11 février 2005, la BBC annonce un nouveau pas vers le démantèlement du « Londonistan », cette scène islamiste ultra qui avait servi dans les années 90 de relais aux thèses d'Oussama ben Laden. La mosquée de Finsbury Park, élément central de la constellation fondamentaliste, est débarrassée des partisans d'Abou Hamza et rendue aux partisans d'un islam « modéré ». Celui-ci revêt la figure d'un quinquagénaire à barbe courte, costume cravate et sourire aimable : Azzam Tamimi. Venu des Frères musulmans jordaniens, partisan déclaré du Hamas palestinien, c'est l'une des principales figures publiques de la MAB. Dans le reportage de la BBC, on le voit parcourir les couloirs désertés de la mosquée et se féliciter, d'une voix douce et calme, que l'endroit ait été « rendu aux musulmans » (c'est-à-dire aux représentants de la MAB) après des années aux mains des « extrémistes ». Mais Azzam Tamimi omet un détail important : durant la période où elle servait de repère au « capitaine Crochet » et à ses adeptes, la mosquée de Finsbury était liée au Mouvement islamique dont la MAB est l'enfant. Azzam Tamimi est l'un des rédacteurs les plus influents de la revue islamiste *Impact*. En avril 2003, celle-ci rendait un vibrant hommage à l'un de ses fondateurs récemment décédé, Muhammad Asghar, *self-made man* pakistanais devenu millionnaire après avoir émigré en Grande-Bretagne et bienfaiteur du Mouvement islamique dans ce pays[1]. Or, Muhammad Asghar était l'un des dirigeants de la mosquée de Finsbury Park au moment où celle-ci était aux mains des « extrémistes ». La frontière entre « modérés » et fanatiques n'est donc pas aussi étanche qu'aimeraient le faire croire les représentants du Mouvement islamique « eurocompatible » de l'après-11 septembre.

1. « Muhammad Ashiq Asghar 1935-2003 », *Impact International*, avril 2003.

Les grandes mobilisations : Irak, voile, Palestine

Le « vote musulman » est une réalité déjà ancienne en Grande-Bretagne et, avant la guerre en Irak de mars 2003, il profitait avant tout aux travaillistes du Labour. A l'approche du conflit, l'Association des musulmans de Grande-Bretagne a joué un rôle actif dans les manifestations contre l'intervention militaire occidentale, aux côtés d'une large partie de la gauche pacifiste. Après la fin des hostilités, elle a voulu punir le Parti travailliste au pouvoir : lors des élections locales de 2003, tous les élus musulmans du parti travailliste à Leicester ont perdu leurs sièges au profit de candidats musulmans affiliés au parti libéral-démocrate[1]. Depuis, le partenariat avec les opposants à l'expédition irakienne s'est poursuivi : en témoignent l'embrassade du cheikh Qaradawi par le maire « rouge » de Londres, Ken Livingstone, en juillet 2004, mais aussi la distribution par les mosquées affiliées au Mouvement islamique, en Grande-Bretagne et en Irlande, de tracts des organisations pacifistes.

Cette alliance entre militants de gauche et islamistes peut sembler contre nature, mais elle a une certaine logique. Les deux camps partagent une opposition commune à la politique américaine en Irak et en Palestine, et l'intérêt d'un rapprochement avec les mouvements « anti-impérialistes » a été formulé dès 1990 par Qaradawi dans ses *Priorités*. En 2002, les Frères musulmans égyptiens organisaient au Caire une « Conférence antiglobalisation et anti-impérialisme » à laquelle assistaient quelque 110 activistes venus de Grande-Bretagne, dont bon nombre de non-musulmans[2]. Le Guide général Ma'moun al-Hodeibi (mort en 2004) y dénonçait

1. Dilwar Hussain, « Muslim in british cities : are they different from other migrants ? », *in* « European muslims and the secular state in a comparative perspective », symposium, 30 juin et 1er juillet 2003.
2. « Al-Ma'mun al-Hudaybi, holding the fort in Egypt », *Impact International*, mars 2004.

la « campagne néo-impérialiste et globaliste récemment ravivée pour établir une dictature mondiale ». Il enjoignait les musulmans d'Europe à « s'opposer à l'injustice » en travaillant avec ceux qui partagent leur refus du « projet néocolonial ».

Cette tentative de rapprochement avec la gauche soulève une question plus large : le Mouvement islamique en Europe peut-il s'imposer comme acteur politique grâce au « vote musulman », ou faisant cause commune avec les groupes qui partagent momentanément ses objectifs ? Est-il en mesure d'*islamiser*, même de façon limitée, l'agenda politique européen ?

Des tentatives en ce sens ont certainement eu lieu dans plusieurs pays, accompagnées de mobilisations sur des thèmes comme le port du voile à l'école. En 1989-1990, la campagne active de l'UOIF sur le sujet lui avait permis de devenir un interlocuteur incontournable pour le gouvernement français. En 2004, l'UOIF a utilisé ses soutiens à gauche pour mettre sur pied – via ses collectifs Jeunes musulmans de France et Étudiants musulmans de France – une manifestation « à forte coloration altermondialiste » en faveur du port du voile[1]. En juillet de la même année, après l'interdiction des signes religieux à l'école, l'organisation conseillait aux élèves musulmanes de se présenter devant leurs établissements dans « les tenues qu'elles auront choisi de porter ». Mais cet appel est plutôt une exception : en général, l'UOIF privilégie le dialogue avec les autorités. A l'été 2004, lorsque son homologue britannique, la MAB, appuyée par le cheikh Qaradawi et le maire de Londres, lance, en fanfare, sa campagne pour le voile, l'UOIF s'abstient d'y participer. Cette attitude suscite l'incompréhension des islamistes britanniques, qui vivent dans un pays où le droit de porter le voile à l'école est reconnu par la justice. La défection de l'UOIF a singulièrement enlevé de sa force à une action pourtant soutenue par la FOIE, dont l'organisation française est membre.

1. *Le Monde*, 13 avril 2004.

Les efforts du Mouvement islamique pour faire de la situation en Palestine un thème de politique intérieure européenne n'ont pas connu beaucoup plus de succès. Le 22 mars 2004, un hélicoptère israélien tue à coup de missiles le chef spirituel du Hamas, cheikh Ahmed Yassin, qui est aussi le dirigeant des Frères musulmans locaux. Immédiatement, les organisations européennes membres de la FOIE publient des communiqués presque identiques. L'UOIF exprime « effroi et tristesse » devant l'attaque qui a visé « un homme octogénaire, handicapé, en lutte pour la dignité de son peuple et la libération de sa terre ». La Ligue des musulmans de Suisse dénonce un crime « perpétré contre des civils et qui a visé en particulier une personne âgée, malade et handicapée sans aucun respect des conventions et des traités internationaux protégeant la vie et la dignité de l'être humain ».

En Grande-Bretagne, Azzam Tamimi, l'islamiste « modéré » qui boutera les « extrémistes » hors de la mosquée de Finsbury Park, compare le défunt à « une montagne puissante et hautaine qui défiait un ordre mondial terriblement répressif dominé par les États-Unis ». On ne trouve aucune mention, dans ces textes, des attaques meurtrières du Hamas en Israël.

Le lendemain de la mort de Yassin, l'élite du Mouvement islamique se rassemble à la Mosquée centrale de Londres. Le Tunisien Rachid Ghannouchi, des dirigeants de l'Association des musulmans de Grande-Bretagne et le Guide suprême des Frères musulmans syriens sont présents. Ils accusent les gouvernements européens de s'être faits les complices de l'assassinat du cheikh en désignant le Hamas comme un groupe terroriste. Mais, malgré l'indignation des leaders islamistes, seules quelques centaines de personnes se joignent à la cérémonie. A Zurich, l'un des membres du Conseil des *fatwas* de Qaradawi, Youssouf Ibram, organise une manifestation où l'on dénonce le « meurtrier de masse Sharon ». Dans l'assistance, des hommes ont ceint leur front de bandeaux verts semblables à ceux des kamikazes du Hamas et brûlent un drapeau israélien aux cris de *«Allah Akbar»*. Mais l'assistance, quoique passablement agitée, ne dépasse pas quelques dizaines de personnes. Dans les deux cas, on est encore très loin d'une mobilisation de masse.

En ce qui concerne l'Irak, le bilan du Mouvement islamique d'Europe est moins mitigé. Le conflit a permis de roder l'action de son organisation faîtière, la FOIE, qui a défini à l'intention des organisations nationales des «bases de conduite face aux événements en Irak». La grille de lecture ainsi proposée s'inscrit dans la pure tradition des Frères, car elle décrit le conflit comme une extension de la «guerre contre l'islam»:

> Les musulmans à travers le monde sont particulièrement inquiets concernant les conséquences de cette guerre d'usure qu'ils considèrent comme un autre moyen de destruction des potentialités de la nation musulmane pour la détourner de ses objectifs, à savoir développer ses structures et améliorer sa situation[1].

Dans ces circonstances, les organisations islamistes européennes auraient pu déclarer le *jihad* contre l'agression américaine – d'autant que Qaradawi, leur mentor, a proclamé la légitimité de la résistance armée contre les troupes étrangères. Mais la FOIE, soucieuse de sa respectabilité face aux institutions européennes, a choisi une autre voie, celle du «*jihad* civil pacifique». Les *fatwas* incitant à la guerre sainte «ne s'appliquent pas au statut des musulmans résidant en Europe», explique-t-elle. La FOIE incite donc les musulmans à écrire aux médias et à manifester aux côtés des «peuples européens qui s'opposent à la guerre», mot d'ordre qui sera mis en pratique lors les vastes défilés antiguerre de 2003.

1. Union des organisations islamiques en Europe, «Les bases de conduite face aux événements en Irak», texte reproduit sur le site de l'UOIF, www.uoif-online.com.

En été 2004, lorsque les journalistes français Christian Chesnot et Georges Malbrunot sont enlevés en Irak, la FOIE demande directement leur libération aux ravisseurs dans un communiqué signé par l'UOIF, l'Association des musulmans de Grande-Bretagne, la Communauté islamique d'Allemagne, les Ligues suisse et belge, et dix-neuf organisations de pays allant de la Suède à la Moldavie. Une délégation du Conseil français du culte musulman, emmenée par le secrétaire général de l'UOIF, va plaider la cause des otages auprès de chefs religieux irakiens. Les otages n'ont été libérés que des mois plus tard, mais ce voyage hautement médiatisé a permis de renforcer la crédibilité de l'UOIF auprès du public français.

Malgré ce relatif succès, certains observateurs de la scène islamiste européenne estiment que les structures réunies au sein de la FOIE sont fondamentalement inefficaces. Olivier Roy, universitaire spécialiste de l'islam, est l'un de ces sceptiques :

> On a en Europe une mouvance, pas forcément une organisation. Les Frères ont bien compris qu'ils pouvaient jouer l'Europe contre leurs limitations nationales, en unifiant les pratiques des différents pays dans un sens favorable au culte – en introduisant en France la pratique britannique sur le voile à l'école ou, à l'inverse, en demandant que la Grande-Bretagne suive la pratique française en matière de viande *halal*. Mais ils sont divisés, au sein même de leurs organisations et entre elles, à cause des différences nationales. Les Britanniques, par exemple, ne comprennent pas la mollesse de l'UOIF sur la question du voile à l'école[1].

Son confrère Reinhard Schulze est du même avis :

> Les mouvements proches des Frères musulmans en Europe forment un milieu très peu mobilisable. Il n'y a plus de programme commun entre les organisations européennes. Ça a

1. Entretien avec Olivier Roy, Paris, 19 octobre 2004.

> complètement éclaté. Il n'y a plus de vision politique, d'utopie. En revanche, il y a toujours une aspiration à exercer une autorité morale dans les communautés musulmanes. Ces organisations jouent un rôle important comme constructeurs de valeurs, en faisant l'apologie des « valeurs islamiques »[1].

Pour définir comment les musulmans doivent se conduire dans leur vie de tous les jours, le Mouvement islamique d'Europe s'appuie sur l'autorité d'une figure bien connue – le cheikh Yousouf al-Qaradawi.

Un « programme de vie parfait »

Le Conseil européen des *fatwas* et de la recherche, créé en 1997 et basé dans le luxueux « centre culturel » de Dublin, est la référence religieuse de la FOIE. Outre Qaradawi, son président, on y retrouve le maître spirituel de l'UOIF, Fayçal Maulaoui, et Rachid Ghannouchi, dont le mouvement Ennahdah est très présent dans les pays francophones d'Occident. L'objectif du Conseil est de « diriger et guider les musulmans d'Europe en général et la jeunesse en particulier, en répandant les principes authentiques de l'islam ». La FOIE, le Conseil, l'Institut des sciences humaines et les organisations islamiques nationales forment un ensemble cohérent d'institutions qui poursuivent le même but : guider les musulmans selon le « programme de vie parfait pour l'individu, la famille, la société et l'État[2] » que constitue l'islam.

La tâche n'est pas simple. Le Conseil est engagé dans une perpétuelle recherche de compromis entre les préceptes immuables du Coran et les réalités européennes du XXIe siècle, ce qui donne à certains de ses édits religieux *(fatwas)* une saveur cocasse, voire

1. Entretien avec Reinhard Schulze, 17 novembre 2004.
2. L'expression est due au Conseil qui l'a reproduite dans la déclaration finale de sa 11e session ordinaire, Stockholm, 1-7 juillet 2003.

surréaliste. Ainsi, une femme qui veut se faire couper les cheveux doit consulter son mari si cela risque de modifier son allure générale : sans concertation préalable, ce changement risque de créer des tensions au sein du couple[1]. Le Conseil s'est aussi penché sur le cas d'un fidèle qui demandait s'il est permis de se masturber pour éviter la tentation de l'adultère. L'échange mérite d'être cité :

> Question : Quelles sont les dispositions légales relatives à la pratique de l'onanisme (plaisir solitaire, masturbation), en considération du fait qu'elle empêche de commettre l'adultère ?
> Réponse : La pratique qui consiste à provoquer le plaisir sexuel par l'excitation manuelle est une mauvaise habitude, contraire au bon goût et aux bonnes mœurs, et les jurisconsultes ont divergé dans son appréciation. [...] Nous penchons, quant à nous, notamment en ce qui concerne ceux qui résident dans les pays de la permissivité, pour sa réprobation sans la qualifier de péché. [...] Mais, lorsqu'on s'y adonne, il faut éviter l'accoutumance car s'il en est ainsi cela devient une maladie grave[2].

Les théologiens réunis autour de Qaradawi interviennent aussi dans le domaine moins intime des rapports entre musulmans et non-musulmans. En matière de relations professionnelles, le Conseil suit une ligne souple, qui permet au musulman de conserver son emploi même si cela implique quelque péché : ainsi, l'employé musulman de McDonald's qui doit servir du lard grillé à ses clients peut-il garder son poste pour subvenir aux besoins de sa famille, tout en cherchant un autre travail. Le problème soulevé par un homme se présentant comme « un jeune conseiller financier vivant en Suisse » est plus délicat. Ce fidèle explique qu'il propose des produits financiers islamiques – qui ne génèrent

1. CEFR, *Recueil de fatwas*, série n° 1, présentation Yûsuf al-Qardâwi, préfaces et commentaires Tariq Ramadan, Lyon, Tawhid, 2002, p. 124-125.
2. *Ibid.*, p. 181-183.

pas d'intérêts – à ses clients musulmans, mais pas aux non-musulmans. Le Conseil désapprouve :

> [...] Le musulman doit, de par la loi [islamique], ne suggérer au musulman comme au non-musulman que les solutions qui sont acceptées par sa religion. Il n'est pas admissible, par exemple, de conseiller à un non-musulman [des produits] interdits ou usuraires [...][1].

Le jeune homme doit donc conseiller des produits islamiques à tous ses clients, même s'ils sont chrétiens, juifs, agnostiques ou athées.

Régulièrement, le Conseil fait des incursions dans le domaine du droit civil et de la politique. Il enjoint aux fidèles de faire appel à des arbitres musulmans pour régler leurs litiges dans la vie quotidienne. Il leur demande de constituer des « tribunaux familiaux » et des « conseils d'arbitrage » chargés de « réguler leurs affaires personnelles selon les commandements de la noble Loi islamique ». Le Conseil ajoute que cela doit se faire en conformité avec les lois du pays où ils vivent. En cas de conflit entre Coran et droit européen sur des sujets comme la polygamie, la distribution de l'héritage entre filles et garçons ou le divorce, la ligne du Conseil demeure floue. Selon Fayçal Maulaoui, le musulman « ne doit pas obéir à une loi qui implique de désobéir à Dieu[2] ». D'autre part, le Conseil suit la ligne qui est celle de l'ensemble du Mouvement islamique en Europe : les musulmans doivent respecter la loi pour devenir des « citoyens modèles ».

La question du *jihad* rend particulièrement problématique la perspective d'un choc entre loi religieuse et droit profane. Sur le fond, le Conseil défend la légitimité de la Guerre sainte :

1. CEFR, « Déclaration finale », 11e session ordinaire, Stockholm, 1-7 juillet 2003.
2. Dilwar Hussain, « "british" and "muslim" », islamonline.net, 2 octobre 2003.

> Les juristes ont unanimement établi que le *jihad* est légal pour résister à toutes les formes d'oppression, comme le nettoyage ethnique, l'occupation militaire de leurs terres, ainsi que la persécution religieuse [...]. Le *jihad* dans ces conditions et avec ces limitations ne peut être englobé dans ce que l'on appelle aujourd'hui le « terrorisme », comme l'ont prétendu certains médias. [...] Le pire terrorisme est l'occupation sous toutes ses formes ; de ce fait, la résistance légale à l'occupation n'entre pas dans le cadre du terrorisme, comme les lois et conventions internationales le reconnaissent[1].

Bien qu'il ait fermement condamné la guerre en Irak de 2003, le Conseil s'est bien gardé d'appeler les fidèles d'Europe à partir au combat contre les Américains. Il n'a pas non plus demandé aux soldats musulmans des pays qui ont participé à la guerre de déserter. Sa position légaliste lui permet de s'affirmer, face aux gouvernements européens, comme une instance « raisonnable », surtout si on la compare aux prédicateurs extrémistes qui encouragent leurs partisans à frauder la sécurité sociale, à voler les biens des infidèles ou, pire encore, à commettre des actes de terrorisme.

Certains chercheurs qui ont étudié les activités du Conseil ont trouvé à ses décisions un caractère relativement « progressiste ». En 1999, il a autorisé les musulmans d'Europe à recourir à l'emprunt – donc aux intérêts et à « l'usure » – pour financer l'achat d'une maison, ce qui a suscité des critiques dans le monde arabe ; deux ans plus tard, il a autorisé une convertie irlandaise à demeurer mariée à un non-musulman, ce qui a provoqué une vive réaction de la part d'autorités islamiques comme l'université Al-Azhar du Caire[2].

Les penchants conservateurs du Conseil transparaissent cependant dans le petit recueil de *fatwas* traduit en français par les édi-

1. *Ibid.*
2. Alexandre Caeiro, « Adjusting islamic law to migration », *ISIM Newsletter*, n° 12, juin 2003.

tions Tawhid, en 2002. Il est préfacé par Tariq Ramadan, qui côtoie Qaradawi dans le circuit international des grandes conférences islamistes. L'enseignant suisse, qui se définit comme un « intellectuel musulman », dément tout lien autre que familial et philosophique avec les Frères. Un rapport officiel suisse l'a décrit comme le chef de la prédication *(dawa)* des Frères en Europe, mais il conteste formellement avoir jamais occupé une telle fonction[1]. Apprécié de l'UOIF au début des années 90, il s'en est distancé ensuite pour tracer sa propre voie, sans trop s'éloigner du Mouvement islamique et de Qaradawi, sa figure de proue. Dans sa préface, Tariq Ramadan assure d'ailleurs les membres du Conseil de son « respect fraternel et humain immense » :

> L'initiative [du Conseil] est originale, elle est surtout impérative : de nombreux hommes et de nombreuses femmes ne savent pas très bien comment agir quand tout, apparemment, est si éloigné de l'islam ou, à tout le moins, si éloigné des pays d'origine[2].

L'enjeu, selon lui, « consiste à se donner les moyens de "rester musulmans" » et d'éviter que n'apparaisse sur le sol européen un « "islam au rabais", un "islam sans islam" ». Il est paradoxal de voir Tariq Ramadan, souvent décrit comme l'incarnation d'un islam européen « modéré », associer son nom à un ouvrage qui interdit aux femmes de parler à des gens qu'elles ne connaissent pas, défend aux enfants musulmans de faire sauter des pétards à Noël (parce que c'est une fête chrétienne) et justifie la mise à mort des apostats. Questionné sur le châtiment que l'islam réserve aux musulmans qui veulent changer de religion, ou cesser d'en avoir une, le Conseil explique que cela relève des prérogatives de l'État – ou plutôt du « gouvernement islamique ». Mais le supplice d'un

1. Le rapport a été adressé au Conseil fédéral (gouvernement) suisse en 2002. La mention de Tariq Ramadan est reprise dans un autre document suisse rédigé en Anglais, « Swiss intelligence docs », dont l'auteur possède une copie.
2. CEFR, *Recueil de fatwas*, *op. cit.*, p. 9-10.

homme qui « afficherait » son apostasie est considéré comme un bienfait :

> Sa mort vise en fait à protéger la religion et la société de ses méfaits et ne constitue pas un déni de la liberté de conscience vu le tort qu'il fait à autrui en piétinant leur droit. Les intérêts de l'État et de la société prévalent sur l'intérêt individuel personnel[1].

Plus que toutes les ratiocinations sur l'onanisme, l'usure ou les cheveux des femmes, ce passage montre à quel point le Conseil demeure éloigné des conceptions politiques majoritaires en Europe. Cela ne dérange pas Tariq Ramadan, qui conclut ainsi sa préface :

> Il appartient [aux communautés musulmanes d'Occident et d'Europe], et en particulier à leurs leaders et cadres associatifs, de formuler des interrogations essentielles qui poussent les savants à poursuivre une élaboration fondamentale pour qu'ils leur offrent ainsi non plus seulement un cadre et une méthodologie pour « s'adapter », mais, plus intimement et plus profondément, les instruments d'une philosophie du droit leur donnant les moyens de « contribuer » et de « réformer ». Leur cœur, leur intelligence, leur société et le monde[2].

Sous les circonlocutions du verbe ramadanien, on retrouve le projet politique des Frères : les communautés musulmanes d'Occident doivent s'employer à « réformer » leurs pays d'accueil et, au-delà, le monde tout entier. Pour cela, les organisations islamistes doivent franchir une étape décisive de leur présence en Europe et devenir les partenaires officiels des gouvernements dans la « gestion » des communautés musulmanes d'Occident.

1. *Ibid.*, p. 67.
2. *Ibid.*

Le but commun : un islam « officiel »

La reconnaissance de l'islam par les États est une revendication commune à toutes les composantes du Mouvement islamique en Europe. Le Conseil des *fatwas* demande aux musulmans d'« œuvrer inlassablement en vue d'obtenir des pays dans lesquels ils résident la reconnaissance de l'islam en tant que religion ». L'intérêt politique de cette demande est évident : en « reconnaissant » l'islam, les États s'obligent à lui désigner des représentants – par exemple les organisations proches des Frères musulmans.

Le processus est bien avancé dans plusieurs pays. En France, l'UOIF a joué un rôle décisif dans l'établissement du Conseil français du culte musulman. Cela lui a permis de donner un caractère formel au dialogue qu'elle mène depuis longtemps avec l'État français. En Belgique, les organisations proches des Frères musulmans ont soutenu la création de « l'Organe chef du Culte musulman ». Le rapport parlementaire belge de 2001 note à ce propos :

> En Belgique comme dans d'autres pays européens, [les Frères musulmans] tentent de prendre le contrôle d'associations sportives, religieuses ou sociales et d'organisations pouvant s'ériger en interlocuteurs privilégiés des autorités nationales, voire européennes, pour gérer le temporel du culte islamique. Les Frères musulmans estiment que les autorités nationales s'appuieront de plus en plus sur des responsables de la communauté musulmane pour la gestion de l'islam en général. Dans ce contexte, ils tentent d'imposer, au sein des organes représentatifs, la désignation de personnes influencées par leur idéologie[1].

En Allemagne, un embryon de structure nationale – le Conseil central des musulmans – a été constitué avec l'aide de la Commu-

1. Comité permanent de contrôle des Services de renseignements, *op. cit.*

nauté islamique issue du Centre de Munich. En Grande-Bretagne, où la religion d'État est le christianisme anglican, la Fondation islamique de Leicester et d'autres organisations apparentées ont noué des liens étroits avec les autorités, comme dans le cadre des programmes de formation de la police.

La quête de reconnaissance des organisations islamistes européennes se heurte à deux obstacles. Le premier est leur représentativité, qui reste très relative. Il existe en Europe une impressionnante diversité d'associations musulmanes appartenant aux tendances les plus variées: les soufis contemplatifs côtoient les wahabites rigoristes, les alévis permissifs ou les salafistes intransigeants. Il existe des mosquées turques, somaliennes, albanaises, marocaines ou tunisiennes... Les groupes identifiés comme «Frères musulmans» détestent cet éclatement, qu'ils jugent contraire aux intérêts de l'*Oumma* colossale et unique dans laquelle ils veulent regrouper tous les croyants. Mais celle-ci n'est encore qu'une chimère: en France, sur plusieurs millions de musulmans, quelques dizaines de milliers de personnes – de 25000 à 100000 selon les années – assistent au grand rassemblement du Bourget. Sur les 152000 musulmans de Suisse, un millier seulement participe au congrès annuel de la Ligue qui prétend les représenter.

Ses structures bien organisées et l'ampleur internationale du Mouvement islamique compensent en partie cette carence numérique. Le prestige intellectuel de ses représentants, leur capacité à interpréter le monde moderne à travers le prisme islamiste, leurs relais financiers dans le Golfe sont d'autres atouts du Mouvement face aux organisations musulmanes concurrentes. Mais il reste un second obstacle: l'incertitude qui persiste au sujet des objectifs réels du Mouvement. Est-il aussi «modéré» que l'affirment ses représentants? Est-il vraiment *respectable*, et donc acceptable en tant que partenaire des États? Les doutes à ce sujet se sont renforcés après le 11 septembre 2001 et l'attaque frontale subie par le Mouvement aux États-Unis.

6

Complot en Amérique

L'horreur inspirée par les attaques du 11 septembre 2001 a rendu suspectes les activités déployées par les Frères et leurs héritiers aux États-Unis. Les autorités ont frappé dur et fort, fouillant sans ménagement certains centres islamiques et arrêtant l'un des principaux activistes musulmans du pays. Les enquêtes américaines révèlent les rapports historiques très directs qui existent entre le Projet et la diffusion de l'idéologie islamiste Outre-Atlantique. Nous allons aussi voir que, sous une apparence lisse, des représentants du Mouvement islamique américain cachaient un discours parfois extrême, et des liens inavouables avec certains régimes arabes.

A l'ouest de Washington s'étend une banlieue infiniment morne faite d'autoroutes multipistes, de lambeaux de forêts, de lotissements, stations-service et *fast-food* de toutes sortes. C'est une région conservatrice, toute acquise au Parti républicain et à George Bush. En mars 2002, c'est aussi là qu'a été porté le second coup direct contre l'infrastructure des Frères en Occident, quelques mois après les perquisitions visant la banque Al-Taqwa et ses dirigeants.

Il est environ dix heures trente lorsqu'un bruit soudain fait sursauter Aysha Unus et sa fille Hanaa dans leur maison de Herndon, en Virginie. «Ouvrez la porte», hurlent des voix venues de l'extérieur. Par la fenêtre, Aysha aperçoit des hommes vêtus de noir et armés. Alors que sa fille appelle Police secours, ils enfoncent la porte, braquent leurs armes sur les deux femmes et leur ordonnent de lever les mains en l'air. Aysha et Hanaa passeront le reste de la journée menottées pendant que les hommes – des agents fédéraux et des policiers locaux – fouillent leur domicile. Plus tard, elles se plaindront de n'avoir pu se voiler comme elles le font d'habitude en présence d'étrangers, malgré leurs demandes répétées[1].

Au même moment, des scènes identiques se produisent près de là, à Herndon et en d'autres endroits de la périphérie de Washington. Quelque 150 hommes des douanes, du FBI, du Service secret, du Trésor et d'autres agences investissent des bureaux et des domiciles privés où ils saisissent assez de documents, ordinateurs et agendas pour remplir six camions entiers. Quelques heures plus tard, ils repartent en laissant derrière eux des hommes et des femmes désemparés, tant par la relative brutalité des perquisitions que par les mandats qui ont servi à les justifier : on y accuse un groupe de « conspirateurs », tous musulmans, d'avoir établi en Virginie un réseau de sociétés et d'institutions charitables destinées à « soutenir le terrorisme », blanchir de l'argent et frauder le fisc.

Deux immeubles brunâtres situés entre le bureau de poste et un garage de Herndon forment le centre névralgique de la « conspiration ». L'un des bâtiments abrite des sociétés commerciales et la fondation Suleiman Abdul Aziz al-Rajhi ou SAAR, nommée d'après un Saoudien dont la famille est plusieurs fois milliardaire. Dans l'autre bâtiment se trouvent un petit magasin d'articles islamiques et des locaux aseptisés, éclairés de néons : c'est l'Institut international de la pensée islamique, abrégé en IIIT d'après son nom anglais, l'un des centres de recherche islamistes les plus connus d'Occident. L'un de ses collaborateurs, Iqbal Unus, un Pakistanais diplômé en physique nucléaire, est le mari d'Aysha et le père de Hanaa Unus.

1. Aysha Unus et Hanaa Unus contre David Kane et autres, civil action nº 04-312-A, US district court for the eastern district of Virginia, Alexandria Division, 9 novembre 2004.

Une semaine après le raid, un directeur de l'IIIT, Louay Safi, est invité par la radio La Voix de l'Amérique. Barbe courte, costume impeccable et cravate couleur bronze doré, il présente bien. Les perquisitions l'ont choqué, déclare-t-il, parce que son Institut n'a rien à voir avec le terrorisme et qu'il entretient de bonnes relations avec l'armée et la marine, dont une annexe de l'IIIT forme les rares aumôniers musulmans. « Nous avons été invités au département d'État et à la Maison Blanche, ajoute Louay Safi. Nous ne sommes vraiment pas des gens que l'on peut traiter de la sorte[1]. »

Dans les années 90, le gouvernement américain s'était déjà intéressé aux activités des islamistes gravitant autour de l'IIIT, sans juger utile d'enquêter agressivement sur leur compte. Mais les attentats du 11 septembre 2001 ont en déclenché l'ouverture de procédures criminelles qui, loin de se limiter à Al-Qaida et ses réseaux, visent tout ce qui ressemble de près ou de loin à l'islamisme militant. Fin 2001, la banque Al-Taqwa a été la première victime de ce renversement de situation. L'IIIT et ses dirigeants ont subi un sort identique cinq mois plus tard : perquisitions menées *manu militari*, saisie de documents – et puis plus rien. Début 2005, trois ans après les raids policiers, les responsables de l'IIIT, de la fondation SAAR et de la centaine d'autres organisations gravitant autour d'eux n'avaient été ni arrêtés ni formellement inculpés. Cela suggère que l'enquête américaine vise moins à démanteler un groupe de terroristes qu'à *comprendre* les relations d'une institution apparemment respectable avec l'islam radical, en particulier celui des Frères musulmans.

La nébuleuse d'organisations basée dans les immeubles beiges de Herndon est née en 1980 grâce à une somme apportée en liquide d'Arabie Saoudite – 3 338 000 dollars exactement. Cet argent a permis de créer, outre l'IIIT, diverses entités charitables et des sociétés commerciales actives dans l'immobilier, la culture

1. « IIIT director talks to VoA about raids by federal agents », communiqué de l'IIIT, 1er avril 2002.

de pommes ou l'élevage de volailles[1]. Leurs dirigeants avaient des relations financières avec la famille al-Rajhi, leur principal mécène : en avril 1998, l'un des dirigeants du réseau de Herndon a versé 18,2 millions de dollars à l'homme d'affaires saoudien Suleiman al-Rahji, au titre de « remboursement d'un prêt ». Cette transaction montre que le groupe de Herndon disposait de moyens financiers importants. Ses membres étaient passés maîtres dans la création de structures compliquées basées dans des paradis fiscaux : cette opacité, l'utilisation de banques suisses et quelques incohérences comptables ont suffi au gouvernement américain pour les accuser de « blanchiment » et d'« évasion fiscale ».

L'accusation de soutien au terrorisme se fonde sur les relations de l'IIIT avec deux institutions islamistes un peu particulières. En 1997, un directeur de l'IIIT a versé 325 000 dollars à la Fondation de la Terre sainte. Or, des enregistrements effectués secrètement par le FBI indiquent que celle-ci a servi de couverture financière au groupe palestinien Hamas. Les dirigeants de cette Fondation, soucieux de leur discrétion, prenaient des précautions inhabituelles pour une organisation charitable : ils avaient rédigé leur propre manuel de contre-espionnage, fait fouiller leurs locaux par une société spécialisée dans la recherche de micros et formé un de leurs employés à détecter d'éventuelles écoutes[2]. En 2004, un tribunal du Texas a accusé la Fondation de la Terre sainte d'avoir été « étroitement liée à un réseau d'organisations des Frères musulmans vouées à réaliser l'agenda fondamentaliste du Hamas ». Entre 1992 et 2001, la Fondation aurait versé plus de 12 millions de dollars à l'organisation armée palestinienne.

L'IIIT a également entretenu des rapports suivis avec un institut basé en Floride, l'Entreprise mondiale d'études islamiques, ou

1. David Kane, « (Proposed redacted) Affidavit in support of application for search warrant (october 2003) », US District court for the eastern district of Virginia.

2. United States vs Holy Land Foundation *et al.*, US district court for the northern district of Texas, Dallas division, 26 juillet 2004.

WISE selon son acronyme anglais. Dès 1990, l'IIIT lui a versé des dizaines de milliers de dollars, et son soutien financier s'est poursuivi jusqu'en 2001. Des documents saisis en 1995 au domicile d'un dirigeant de WISE, Sami al-Arian, suggèrent que cette organisation était un appendice du groupe armé palestinien Jihad islamique. Ce fait était d'ailleurs expressément souligné lors des réunions de récolte de fonds organisées par al-Arian[1]. En février 2003, celui-ci a été inculpé par la justice américaine de soutien au terrorisme.

L'analyste israélien Reuven Paz a participé à l'enquête américaine visant Sami al-Arian et WISE. Il a eu accès à l'un des documents découverts au domicile du militant palestinien. Cette « Charte du centre pour les études, le renseignement et l'information » vise à espionner les États-Unis de l'intérieur et à apprendre aux militants du Jihad comment se fondre dans une société non-musulmane en supprimant tout signe extérieur d'islamisme, à commencer par la barbe. Ce texte décrit les États-Unis comme le « centre qui mène la conspiration contre notre monde islamique[2] ». Il évoque une « bataille de vie et de mort, une bataille de destin et d'avenir contre l'hégémonie occidentale qui veut contrôler les capacités de nos nations pour les asservir », et conclut : « Ce dont nous avons besoin, c'est de démanteler le système culturel de l'Ouest. » Dans des conférences organisées aux États-Unis, al-Arian martelait le même refrain en termes différents :

> Le *jihad* est notre chemin. Victoire à l'islam. Mort à Israël. Révolution jusqu'à la victoire [...] Maudissons l'Amérique, maudissons Israël, maudissons leurs alliés jusqu'à la mort.

Les dirigeants du très respectable IIIT entretenaient avec les militants du Jihad islamique des relations fraternelles. En novembre 1991, son directeur Taha Jaber al-Alwani écrivait une lettre fort amicale à Sami al-Arian :

1. David Kane, « (Proposed redacted) Affidavit... », *op. cit.*, p. 32-33.
2. David Kane, « (Proposed redacted) Affidavit... », *loc. cit.*

> Honorable frère, je pense que je n'ai pas besoin de dire que nous vous considérons comme [...] une part et une extension de nous-mêmes [...]. Le problème du soutien financier n'a jamais été à la base de notre relation, parce que nos rapports se sont ajoutés à la fraternité de la foi et que l'islam est un accord culturel et idéologique, et toutes vos institutions sont considérées par nous comme les nôtres [...]. Vous méritez toute notre coopération, si Dieu le veut...

Al-Alwani promet dans cette missive d'envoyer 50 000 dollars à son correspondant, en précisant : « Nous le faisons pour vous en tant que groupe, sans égard pour la façade pour laquelle vous utilisez la donation... »

L'auteur de la lettre et directeur de l'IIIT est une figure majeure du Mouvement islamique en Occident. Né en Irak en 1935, Taha Jaber al-Alwani a fui le coup d'État qui a porté Saddam Hussein au pouvoir avant d'émigrer aux États-Unis. Il a fondé le « Conseil américain du *fiqh* » (jurisprudence islamique) en 1988 et, une dizaine d'années plus tard, il a participé à la création en Europe du Conseil des *fatwas* dirigé par Qaradawi[1]. C'est l'un des principaux théoriciens de la présence musulmane en Occident, qu'il définit comme une « terre d'islam » du moment que des musulmans y vivent et peuvent y pratiquer leur religion. Selon lui, leur devoir envers la nation islamique est de créer des « institutions identitaires » parmi lesquelles figure l'IIIT – un organisme qui entend offrir une alternative intellectuelle « au déferlement du sécularisme et à la modernisation-occidentalisation qui continue de se répandre dans le monde[2] ».

Avec sa bonhomie corpulente et son occasionnel calot de soie blanche, al-Alwani est un exemple parfait d'islamiste « modéré ».

1. Shammai Fishman, « Some notes on arabic terminology as a link between Tariq Ramadan and sheikh Taha Jabir al-Alwani, founder of the doctrine of muslim minority jurisprudence », *PRISM research paper*, 2004.
2. *Ibid.*

Le fait qu'il ait participé à des conférences en compagnie du « cheikh aveugle » Omar Abdel Rahman, chef spirituel du groupe terroriste égyptien Gamaa islamiya, a été vite oublié. En 1999, le département d'État distribuait ses écrits dans les ambassades américaines à travers le monde en les présentant comme des exemples d'une pensée islamique compatible avec la démocratie occidentale. Son institut, l'IIIT, a pignon sur rue à Paris, où il possède un bureau dans le XVIIe arrondissement. On y organise des réunions consacrées au dialogue interreligieux où des islamologues de renom peuvent croiser des personnalités comme Tariq Ramadan. L'IIIT traduit aussi en français certains ouvrages de la référence ultime du Mouvement islamique, Yousouf al-Qaradawi.

Après le 11 septembre 2001, al-Alwani a autorisé les soldats musulmans de l'armée américaine à combattre contre Al-Qaida en Afghanistan. Avant d'émettre sa *fatwa*, il a consulté Qaradawi : celui-ci – qui a condamné fermement Ben Laden – a jugé légitime de guerroyer contre ceux qui « terrorisent des innocents ». Mais devant les protestations du milieu islamiste international, Qaradawi a condamné l'intervention contre les Talibans et souhaité ouvertement la défaite de leurs ennemis. Le gouvernement américain sait désormais qu'il peut trouver des religieux prêts à donner une légitimation islamique à l'attaque d'un pays musulman, mais il doit aussi constater que certains militaires placés sous ses ordres semblent servir deux maîtres : l'Amérique et l'*Oumma* islamique, personnifiée ici par al-Alwani et Qaradawi.

Le Projet, version américaine

Un détail intrigue les enquêteurs américains qui étudient l'histoire de l'IIIT depuis les perquisitions de Herndon, en mars 2002. Une brochure de l'Institut affirme que sa naissance remonte au « séminaire sur la pensée islamique [organisé] à Lugano, Suisse, en juillet 1977 ». Lugano est la ville où travaillait, déjà à cette époque,

Youssef Nada, le gardien du Projet. La mention de cette conférence rappelle celle faite par le banquier islamiste Soliman Biheiri lors de son interrogatoire à l'aéroport de Washington, en juin 2003 : selon lui, une réunion de personnalités islamistes de premier plan a eu lieu dans la villa de Nada à Campione « en 1979 ». Cette rencontre au sommet aurait donné naissance à un « plan » qui aurait ensuite inspiré l'ensemble du Mouvement islamique[1]. Le témoignage est d'autant plus significatif que Biheiri a fréquenté dans les années 70 et 80 de hauts responsables des Frères musulmans, qui l'ont encouragé à créer une société financière aux États-Unis.

L'IIIT et l'ensemble de structures établies à Herndon et ses alentours sont-ils liés au Projet ? De nombreux indices le suggèrent, même s'ils ne constituent pas des preuves absolues. Les dirigeants de ces organisations formaient un petit milieu homogène dont tous les membres étaient liés entre eux – d'où l'accusation de « conspiration » portée par la justice américaine. Deux membres de ce groupe ont travaillé pour Youssef Nada dans les années 70 ; deux autres ont participé à la création de la banque Al-Taqwa aux Bahamas. Youssef Nada a entretenu des relations d'affaires avec Suleiman al-Rajhi, le mécène milliardaire du groupe. Selon l'enquêteur israélien Reuven Paz, l'institut WISE, lié au Jihad islamique palestinien et soutenu financièrement par le groupe de Herndon, a reçu plusieurs millions de dollars de la banque Al-Taqwa. Un ancien conseiller de l'IIIT, Jamal Attia, est un ex-haut responsable des Frères musulmans[2]. L'IIIT diffuse la littérature de la Fondation islamique de Leicester, l'une des institutions les plus importantes du Mouvement islamique en Occident. Pourtant, l'avocate américaine de plusieurs membres du groupe de Herndon, Nancy Luque, affirme que certains de ses clients « connaissent des Frères musulmans et les respectent », mais que leurs rapports avec la confrérie s'arrêtent là[3].

1. Département américain du Trésor, service des douanes des États-Unis, « Report or investigation/Interview of Soliman Biheiri », 14 juillet 2003.
2. *Wall Street Journal*, 21 juin 2004.
3. Entretien avec Nancy Luque, 8 février 2005.

Juan Zarate, le jeune fonctionnaire du Conseil national de sécurité américain qui travaille à la Maison Blanche, met en doute cette version des faits. Pour lui, la galaxie de sociétés religieuses, charitables et commerciales basées à Herndon et alentour est liée au Projet – qu'il appelle « le maître plan des Frères musulmans » – et à « l'expansion de l'idéologie politique » des Frères :

> Les Frères emploient différentes stratégies dans différents endroits. Ils ont utilisé les États-Unis comme un outil d'investissement, pour déplacer et – je pense – pour cacher de l'argent. Pour moi, la construction du réseau de Herndon est clairement liée à ce plan d'expansion des Frères musulmans. C'est la partie américaine du plan [1].

Non loin de là, dans les galeries marchandes de Virginie du Nord, on peut croiser une femme menue, vêtue d'une robe longue et d'un foulard, qui pousse le fauteuil roulant de son mari infirme. Pendant des années, Iman et Ahmed Elkadi ont été au cœur du dispositif des Frères musulmans en Amérique. Pour Iman, il ne fait pas de doute que plusieurs membres du groupe de Herndon sont, ou du moins étaient, des Frères musulmans [2]. Comme elle-même, d'ailleurs : la différence est qu'elle n'a jamais eu peur de proclamer publiquement son appartenance à la confrérie, alors que d'autres sont moins ouverts. « Beaucoup de gens, dit-elle, ont une famille en Égypte, en Syrie ou ailleurs, et leurs parents pourraient souffrir d'un tel aveu. »

Le récit qu'Iman Elkadi et son mari ont livré en septembre 2004 au quotidien *Chicago Tribune* offre un aperçu fascinant de l'histoire des Frères musulmans aux États-Unis [3]. Tous deux sont nés en Égypte dans les années 40. Le père d'Iman, Mahmoud

1. Entretien avec Juan Zarate, 8 février 2005.
2. Entretien avec Iman Elkadi, 9 février 2005.
3. « A rare look at secretive brotherhood in America », *Chicago Tribune*, 19 septembre 2004.

Abou Saoud, a été une sommité de la confrérie, l'un des créateurs de la finance islamique avec Youssef Nada, dont il était un ami proche. Après avoir fui la Libye en 1969, il a fait du commerce de montres en Suisse, puis a participé à la création du réseau financier des Frères en Europe.

La position éminente de son beau-père a beaucoup aidé Ahmed Elkadi. Grâce à 2,4 millions de dollars versés par la Banque islamique du Luxembourg, établissement précurseur d'Al-Taqwa, il a fondé en Floride une clinique flanquée d'une mosquée et d'une école islamique. Dans les années 70, Ahmed Elkadi est devenu le trésorier des Frères musulmans aux États-Unis. La confrérie opérait alors sous le nom de « Société culturelle », mais ses partisans ont aussi fondé, en 1963, la puissante Association des étudiants musulmans (MSA). Celle-ci a ensuite donné naissance à la Société islamique d'Amérique du Nord (ISNA), fondée avec l'aide d'islamistes soudanais, qui contrôle des centaines de mosquées aux États-Unis. Ahmed Elkadi a été l'un de ses dirigeants.

Au dispositif institutionnel formé par la MSA et l'ISNA s'ajoute une troisième organisation, la Société musulmane américaine (MAS) : selon Iman Elkadi, il s'agit de la façade « officielle » des Frères musulmans aux États-Unis. Bien que la MAS ne se réfère pas explicitement aux Frères, elle déclare descendre du « mouvement qui a apporté l'appel de l'islam dans le monde entier pour rétablir l'islam comme un mode de vie total ». Ses brochures présentent les enseignements du premier Guide, Hassan al-Banna, dans le langage des techniques de « développement personnel » très en vogue aux États-Unis. L'objectif qu'elles définissent n'a pas varié depuis le Projet : « attendre la victoire », c'est-à-dire « l'établissement d'un État islamique idéal »[1].

Les activités de jeunesse de la MAS visent à produire des individus incarnant la « méthodologie » de l'organisation. Elle entend

1. Muslim American Society, *Mirroring the Islamic Image*, MAS Youth camp, 22-24 août 2003. Je remercie Noreen Ahmed-Ullah, qui m'a remis une copie de ce document.

former de « vrais activistes musulmans » par un « travail islamique organisé et efficace » : ainsi naîtra une génération de militants déterminés « qui ne vont pas seulement préserver leur identité mais avoir un impact sur l'Amérique en général », grâce à une approche stratégique et ciblée des secteurs les plus influents de la société. Modernes et sophistiquées, ses méthodes de formation s'inspirent néanmoins de l'agit-prop classique des Frères : cercles d'études en petits groupes, nuits de prière, camps scouts, séminaires sur le travail politique et les médias, conférences...

La confrérie a employé ces pratiques dès le début de sa présence sur le sol américain. Selon un manuel d'instruction destiné aux cadres des Frères, ceux-ci doivent recruter dans les mosquées, les écoles et autres centres destinés aux musulmans, repérer les fidèles les plus assidus et les inviter dans un cercle de prière restreint appelé *usra*. Lorsqu'un nouvel adepte demande au recruteur s'il appartient aux Frères musulmans, ce dernier doit lui conseiller de déduire la réponse « par sa propre intelligence ». Plus tard, après une période d'évaluation, les recrues les plus prometteuses sont invitées à rejoindre les Frères musulmans. On leur explique alors qu'elles doivent se considérer comme des membres de l'« organisation mondiale » des Frères et que leur engagement est un sacrifice destiné à « hisser haut la bannière de l'islam ». La finalité de ce travail militant, tel qu'il figure dans le manuel, est exactement identique au but fixé par le Projet : « établir la loi de Dieu sur Terre[1] ».

Le scandale Alamoudi

Les enquêtes ouvertes aux États-Unis après le 11 septembre ont révélé le caractère radical du discours de certaines personnalités du Mouvement islamique en Occident, comme Tarek Sweidan, orateur koweïtien populaire en Europe et en Amérique. A Toronto,

1. « A rare look... », article cité.

début 2004, il a participé avec Tariq Ramadan à une conférence intitulée « Faire revivre l'esprit islamique ». Le site Internet d'un participant donne le ton, plutôt bon enfant, de la manifestation : on y voit des jeunes gens en survêtement boire des sodas avec des amies (légèrement) voilées. Mais durant l'édition de l'année précédente, Sweidan avait tenu des propos qui ont inquiété les autorités américaines :

> [L'Occident] continuera à grandir jusqu'à ce qu'une force extérieure le frappe et alors vous serez surpris par la rapidité de sa chute… C'est le devoir des musulmans qui y vivent de guérir la pourriture intérieure de l'Amérique[1].

Selon lui, deux types d'événements entraînent l'effondrement des civilisations :

> L'un d'eux est d'être pourrie de l'intérieur – pas d'éthique, pas de structure familiale, l'injustice, le monde matérialiste. […] La seconde chose qui doit se produire pour qu'une civilisation s'effondre est une attaque de l'extérieur.

Quatre ans auparavant, lors d'une conférence organisée dans l'Illinois, Sweidan avait lancé ce qui ressemble fort à un appel au *jihad* :

> Les musulmans donneraient leur sang, les musulmans donneraient leur cœur, les musulmans sacrifieraient leurs fils pour la Sainte Mosquée Al-Aqsa [à Jérusalem]. […] La Palestine ne sera pas libérée sinon par le *jihad*. Rien ne peut être atteint sans le sacrifice du sang. Les juifs périront sous nos mains […].

1. David Kane, « Supplemental declaration in support of pre-trial detention », case n° 03-365-A, US district court for the eastern district of Virginia, USA vs Soliman Biheiri, 11 septembre 2003.

Ces propos rappellent ceux que tenait à la même époque un autre islamiste américain « modéré », Abdurahman Alamoudi, proche comme Sweidan des Frères musulmans. Le 28 octobre 2000, lors d'une manifestation organisée en face de la Maison Blanche, il interpellait de façon provocante le locataire de l'édifice présidentiel :

> J'ai été traité par les médias de supporter du Hamas. Est-ce qu'il y a des supporters du Hamas ici ? [...] Écoute ça, Bill Clinton, nous sommes tous des supporters du Hamas ! *Allah Akbar*[1].

Lors d'une convention qui s'est tenue en 1996, il avait esquissé la vision grandiose d'une Amérique musulmane – un thème qui revient dans les discours d'autres figures du Mouvement :

> Nous avons une chance d'être la direction morale de l'Amérique [...]. Je ne doute pas que, tôt ou tard, les musulmans deviendront les guides moraux de l'Amérique, soit maintenant soit dans cent ans, mais ce pays deviendra un pays musulman. Et je crois que si l'on se trouve hors de ce pays, on peut dire « Ô Dieu, détruis ce pays », mais une fois que nous sommes ici, notre mission dans ce pays est de le changer [...].

Ces discours n'empêchaient nullement la classe politique américaine de l'époque de considérer Abdurahman Alamoudi comme un interlocuteur convenable. A la tête de son Conseil musulman américain, Alamoudi était un lobbyiste reçu en haut lieu, notamment à la Maison Blanche. Il défendait les points de vue islamistes et la légitimité de la lutte armée du Hamas en Palestine.

1. Brett Gentrup, « Affidavit in support of criminal complaint », USA vs Abdurahman Alamoudi, US district court for the eastern district of Virginia, septembre 2003

Mais, en septembre 2003, sa respectabilité vole en éclats. Un aumônier militaire formé par son Conseil musulman américain est arrêté : l'armée l'accuse d'avoir fait sortir des documents confidentiels de la base de Guantanamo, où sont détenus des membres présumés d'Al-Qaida. Puis Alamoudi lui-même se retrouve en prison. La suite d'événements qui l'y a précipité est rocambolesque, mais parfaitement documentée. Elle a permis de dévoiler les activités occultes de l'homme qui fut le principal lobbyiste islamiste américain.

La descente aux enfers d'Abdurahman Alamoudi débute le 1er mars 2003. A Charm el-Cheikh, en Égypte, se tient une conférence de la Ligue arabe consacrée à la guerre imminente en Irak. Les dirigeants arabes y donnent une image de désunion et d'impuissance, à laquelle s'ajoute une acrimonie particulière. Une violente altercation oppose le Libyen Muammar Kadhafi et le prince Abdallah, dirigeant *de facto* du royaume saoudien. Kadhafi prétend que l'Arabie Saoudite coopérerait avec n'importe qui – l'Amérique ou même le diable – pour garantir sa sécurité. Abdallah répond furieusement :

> L'Arabie Saoudite est un pays musulman et pas un agent du colonialisme comme toi et d'autres. Toi, qui t'a amené au pouvoir ? Ne parle pas de ce que tu ne peux prouver. Tes mensonges te précèdent, et ta tombe t'attend[1].

Kadhafi est si vexé qu'il décide – selon la justice américaine – de faire assassiner son contradicteur. Bientôt, Alamoudi est convoqué à Tripoli : c'est un obligé du régime libyen, dont il défend la cause aux États-Unis en échange d'espèces sonnantes et trébuchantes. On lui demande de créer des troubles en Arabie Saoudite, en s'appuyant sur des opposants saoudiens exilés à

1. US vs Abdurahman Alamoudi, Plea agreement & statement of facts, case n° 03-513-A, US district court for the eastern district of Virginia, 29 juillet 2004.

Londres. Alamoudi part en Grande-Bretagne et rencontre les dissidents, qui lui demandent de l'argent pour s'acquitter de leur mission. Alamoudi apprend ensuite que l'opération vise à assassiner Abdallah, mais il continue à jouer les intermédiaires entre Libyens et opposants saoudiens. Il transporte des sommes d'argent considérables dont il empoche une grande partie, plus de 300 000 dollars, en guise de commission.

En août 2003, à l'aéroport de Londres, Alamoudi est fouillé avant de s'envoler pour la Syrie, puis l'Arabie Saoudite. On trouve dans ses bagages trente-quatre liasses de billets de 100 dollars qu'un agent libyen lui a remises à son hôtel, dans une valise. Washington est rapidement mis au courant et, lorsqu'il revient aux États-Unis fin septembre, Alamoudi est arrêté. On lui reproche d'avoir violé l'embargo américain contre la Libye. Il commence par clamer son innocence, et son avocat le présente comme un « musulman libéral » qui encourage ses coreligionnaires à être de bons Américains. Puis il avoue sa participation dans le complot libyen, plaide coupable et se voit condamné à vingt-trois ans de prison. L'onde de choc créée par l'affaire mettra des mois à s'atténuer : début 2005, l'Arabie Saoudite sommait l'ambassadeur libyen de quitter le pays, Tripoli démentait toute conspiration, les journaux des deux pays échangeaient des insultes où le royaume saoudien était accusé d'« obscurantisme », le dirigeant libyen traité d'homme « stupide » et « fou »[1].

Dans l'agenda électronique d'Abdurahman Alamoudi figuraient deux noms bien connus des professionnels de l'antiterrorisme : Youssef Nada et Ghaleb Himmat, les dirigeants de la banque Al-Taqwa. L'association d'Alamoudi avec les Frères musulmans ne s'arrête pas là : son « Conseil musulman américain » a été fondé en 1990 par Mahmoud Abou Saoud, l'expert de la finance islamique et haut dignitaire des Frères. Alamoudi est aussi proche du groupe de Herndon, dont il a dirigé l'une des fondations de 1985 à 1990.

1. AFP, 24 décembre et 6 janvier 2005.

Après les perquisitions de mars 2002, cette disgrâce spectaculaire est un nouveau revers pour le Mouvement islamique aux États-Unis. Mais elle n'empêche pas une partie de l'élite politique américaine de considérer les Frères musulmans comme des alliés potentiels dans la guerre contre le terrorisme. Des diplomates, des membres des services de renseignements, des penseurs néoconservateurs et des politiciens démocrates pensent qu'un rapprochement avec les Frères permettrait d'isoler le courant islamo-terroriste dont Al-Qaida est le noyau[1]. Cette stratégie pourrait servir le plan américain de démocratisation du Proche-Orient – à condition, bien sûr, de ne pas voir dans les Frères les alliés secrets d'Oussama ben Laden et de ses partisans.

1. « In search of friends among the foes », *Washington Post*, 11 septembre 2004.

7

Frères d'Al-Qaida ?

Le Projet commande aux Frères musulmans de « maintenir l'esprit de la Guerre sainte en éveil » chez les croyants du monde entier. C'est ce qui les rapproche d'Al-Qaida, l'organisation fondée dans le même but par Oussama ben Laden à la fin des années 80. Nous allons montrer ici comment cette communauté de valeurs a conduit le Mouvement islamique inspiré des Frères à soutenir et encourager, en divers endroits, des groupes armés, voire terroristes. Par la suite, le cataclysme du 11 septembre a poussé les Frères et leurs héritiers à condamner Ben Laden. Mais ils mettent en doute sa culpabilité dans les attentats de New York et Washington, et continuent de croire à la légitimité religieuse du jihad *militaire.*

En mars 1993, une délégation composée de plusieurs dirigeants des Frères musulmans effectua une rapide visite de deux villes afghanes, Jalalabad et Kaboul, la capitale. Ce voyage visait à convaincre les chefs de guerre afghans victorieux des Soviétiques et de leurs alliés locaux de ne pas s'entretuer pour s'emparer du pouvoir. Son autre but, conforme aux recommandations du Projet, était de « maintenir en éveil » l'esprit du *jihad* qui avait contraint l'Armée rouge à se retirer d'Afghanistan, quatre ans plus tôt.

Comme tout ce qui concerne les activités politiques internationales des Frères musulmans, cette excursion afghane aurait dû rester secrète. Mais la perquisition de la vaste villa de Ghaleb Himmat à Campione, en novembre 2001, a permis de découvrir une cassette vidéo montrant de larges extraits du voyage. Les enquêteurs ont résumé son contenu dans une note confidentielle :

> D'apparence sibylline, les images de cette cassette présentent un grand intérêt historique et politique, tant pour l'Afghanistan que dans notre effort de compréhension et de situation des dirigeants de la banque et [de] la société Al-Taqwa. [...] D'une manière ou d'une autre, le voyage considéré émarge aux Frères musulmans. Soit il a été organisé par et pour eux, soit ils y ont joué un rôle prépondérant (invités). Ce raisonnement se fonde sur l'affiliation de la plupart des personnages identifiés qui, tous, appartiennent à l'une ou l'autre branche/extension des frères[1].

Parmi les voyageurs reconnaissables sur la cassette se trouvent le Guide des Frères musulmans entre 1996 et 2002, Moustafa Machour, le dirigeant du « parti frère » pakistanais Jamiat-i-islami, Qazi Ahmad Hussain, le directeur du Centre fondé par les Frères à Munich, Ghaleb Himmat, et le cheikh Yousouf al-Qaradawi, penseur islamiste le plus influent du monde contemporain.

Le film commence par quelques images de l'hôtel Spin Ghar, à Jalalabad. Moustafa Machour, très méfiant, met en garde le cameraman contre des « ennemis » qui selon lui « observent » et sont « tapis dans l'ombre ». Puis le convoi des Frères s'ébranle en direction de Kaboul et longe le lac de barrage de Derunta – un endroit que les combattants islamistes, notamment ceux d'Al-Qaida, ont longtemps utilisé comme base pour leurs camps d'entraînement. La délégation se retrouve finalement dans le palais présidentiel de Kaboul aux côtés du chef d'État afghan de l'époque, Buranuddin Rabbani.

La rencontre semble s'inscrire dans une mission de bons offices qui n'a rien d'inhabituel pour les Frères : tour à tour, les

1. Police judiciaire fédérale (Suisse), Note 0502, « Vidéocassette du voyage en Afghanistan de Ghaleb Himmat, mars 1993 ». Le document n'est ni daté, ni signé.

orateurs exhortent les Afghans à demeurer unis et à résoudre leurs différences « en famille », avec l'aide du Mouvement islamique international. Pourtant, le discours de Moustafa Machour n'est pas celui d'un simple médiateur. Le futur Guide félicite les Afghans pour leur victoire sur les Soviétiques, mais il évoque surtout l'avenir du *jihad* international :

> Les Frères musulmans et le [Jamiat-i-islami] ont fondé le mouvement islamique dans le monde entier. Ils ont soutenu ce *jihad* avec tout ce qu'ils possédaient. Avec l'aide de Dieu, d'abord, et le courage du peuple afghan, et après de nombreuses années de combat, ils ont été victorieux et ont forcé l'ennemi à se retirer. [...] Nous observons les moments de conflit qui se déroulent en Afghanistan avec grande impatience, en attendant la victoire et l'émergence d'un État islamique afghan, si Dieu le veut. Nous sommes venus pour vous féliciter et montrer notre solidarité, et nous espérons que Dieu nous accordera la victoire, à nous et à tous les musulmans, surtout maintenant que nous assistons à la féroce campagne des ennemis de l'islam contre [...] les musulmans dans de nombreuses régions du monde, en Palestine, en Bosnie-Herzégovine, au Cachemire, en Inde, en Birmanie et dans d'autres pays. Nous devons affronter cette campagne dans l'unité, avec une foi profonde et un vrai *jihad*. Je vous assure que, tout comme l'Union soviétique s'est écroulée, l'Amérique et l'Occident succomberont, avec l'aide de Dieu[1].

On peut résumer ainsi le cri de guerre sainte lancé par Machour : au lieu de vous battre entre vous, il est temps de tourner le *jihad*

1. Le discours tel qu'il a été transcrit par les enquêteurs porte la référence BKPAN-2/1802/1802 dans la procédure pénale suisse sur la banque Al-Taqwa et ses dirigeants. Le document est en anglais : par souci de clarté, nous avons traduit par « succomber » le terme original du document, *wither away*, qui veut dire « se faner », « s'étioler », « s'évanouir » ou « dépérir ».

contre un nouvel ennemi – « l'alliance des Croisés, des sionistes et de leurs collaborateurs » et son éternelle « campagne contre l'islam ».

Pour les enquêteurs, ces paroles sont lourdes de sens. Moustafa Machour n'est pas un activiste marginal emporté par son enthousiasme dans l'exaltation du moment. Lors du tournage du film, il est, à soixante-douze ans, le numéro deux des Frères musulmans. Il est entré dans la confrérie en 1936, et a passé vingt ans dans les prisons égyptiennes. Sa première arrestation remonte à 1948, quand la police du Caire intercepte une Jeep remplie d'explosifs et de documents. Ils démontrent l'existence, au sein de la confrérie, d'une « Organisation spéciale » responsable à la fois d'attentats contre les troupes britanniques et des actions antisémites qui viennent de secouer la capitale égyptienne. Moustafa Machour est alors le vice-président de l'Organisation spéciale. Au sein de ce groupe d'élite, dont les membres prêtent serment sur un Coran et un pistolet, il côtoie Youssef Nada, le futur banquier du Mouvement islamique.

En 1981, Machour part en Allemagne et s'emploie durant cinq ans à réorganiser l'appareil international de la confrérie. Toute sa vie, il a été un « fervent partisan de la cause du *jihad* en Palestine, Cachemire, Afghanistan, Bosnie » et ailleurs[1]. Une fois devenu Guide, il a réclamé l'exclusion des chrétiens des postes dirigeants de l'armée et du gouvernement égyptien, ainsi que l'élimination de toute influence juive dans l'économie. Au moins cent mille personnes ont assisté à ses obsèques au Caire, en novembre 2002, témoignant ainsi de la popularité persistante des Frères dans le pays où ils sont nés.

« Les Frères ne sont pas innocents »

Selon les analystes occidentaux qui ont examiné la cassette, le voyage afghan de Machour et Qaradawi n'est pas un épisode isolé,

1. *Impact International*, « Moustafa Machour 1921-2002 : Lifelong committment to the Ikhwan », décembre 2002.

mais reflète la longue histoire d'amour entre les Frères et le mouvement « jihadiste » qui a donné naissance à Al-Qaida. Les premières actions militaires de l'islamisme contemporain sont l'envoi par les Frères de volontaires en Palestine, en 1948, et les coups de main de l'Organisation spéciale contre les troupes britanniques postées le long du canal de Suez. Le fondateur de la confrérie, Hassan al-Banna, tenait le *jihad* pour « une obligation collective de la nation musulmane pour diffuser le Message, et une obligation individuelle quand il faut se défendre face à l'agression des incroyants contre elle[1] ». Le Pakistanais Maudoudi (1903-1979), grande référence idéologique du Mouvement islamique, était un partisan déclaré du *jihad* offensif destiné à établir partout la « souveraineté de Dieu » :

> L'islam a prescrit que, par une lutte constante, si nécessaire par la guerre et l'effusion de sang, tous les gouvernements corrompus soient balayés. A leur place, on doit instaurer un système de gouvernement juste et équitable, fondé sur la crainte de Dieu [...][2].

L'accusation de terrorisme a poursuivi les Frères durant une grande partie de leur histoire. En 2004, le gouvernement égyptien continuait à justifier l'interdiction légale de la confrérie par la tentative ratée d'attentat contre Nasser, cinquante ans plus tôt. Les exilés n'ont pas été épargnés par les soupçons : à la fin des années 60, des étudiants qui fréquentaient le Centre islamique de Genève ont prétendu que Saïd Ramadan accueillait des combattants du Fatah palestinien, le groupe de Yasser Arafat, avec qui il aurait eu des relations amicales. Les autorités américaines l'ont aussi suspecté d'avoir hébergé Dawoud Salahuddin, le meurtrier d'un opposant iranien à Washington[3].

1. Carré, Michaud, *op. cit.*, p. 44.
2. Cité par Alain Grignard, *L'Islam radical*, *op. cit.*
3. Saïd Ramadan, fiche de la police fédérale, E 4320-01 (C) 1996/202, vol. 46 ; dossier Centre musulman et Centre islamique, Genève, E 2001 (E) 1978/84, vol. 28, dossier A. 15. 31.0.

Tout en refusant d'être qualifiés de « terroristes », les Frères ont fièrement revendiqué leur soutien au *jihad*. Au début des années 80, le Projet définissait les lignes directrices de la « politique islamique » dans ce domaine :

> Le neuvième point de départ :
> Construire en permanence la force de la *dawa* islamique et soutenir les mouvements engagés dans le *jihad* dans le monde musulman, à des degrés divers et autant que possible.
> *a- Éléments :*
> [...]
> Entrer en contact avec tout nouveau mouvement engagé dans le *jihad* où qu'il soit sur la planète et avec les minorités musulmanes, et créer des passerelles, selon les besoins, pour les soutenir et établir une collaboration.
> Maintenir le *jihad* en éveil dans l'*Oumma*.
>
> *b- Procédures :*
> [...]
> Étudier les mouvements engagés dans le *jihad* dans le monde musulman et au sein des minorités musulmanes pour mieux les connaître.
>
> *c- Missions suggérées :*
> Jeter des ponts entre les mouvements engagés dans le *jihad* dans le monde musulman et entre les minorités musulmanes, et les soutenir autant que possible, dans le cadre d'une collaboration.

L'idée germe ensuite de créer une sorte de « force de réaction rapide » destinée à protéger militairement les musulmans opprimés, partout dans le monde. Son concepteur est un Frère musulman palestinien, Abdallah Azzam, dont Oussama ben Laden va devenir le disciple. Le jeune Saoudien – qui n'est encore qu'un riche guérillero islamiste, pas un chef terroriste – baigne dans les idées des Frères depuis l'université. A Médine, il a suivi les cours de Mohammad Qutb, le frère de Sayyid Qutb, idéologue radical que le régime égyptien a pendu en 1966[1]. Azzam crée le « Bureau des services » aux volontaires qui veulent se battre en Afghanistan. Lorsqu'il meurt dans un attentat à la voiture piégée, en 1989, le « Bureau » passe sous le contrôle de Ben Laden.

Les enquêteurs chargés du dossier Al-Taqwa établissent ainsi une filiation directe entre les Frères musulmans et Al-Qaida, l'organisation que Ben Laden crée à la fin des années 80 :

> [...] La théorie du « jihad » (guerre sainte) dont Oussama ben Laden s'est fait le chantre a été formulée par Abdullah Azzam (le Palestinien d'origine jordanienne, membre des FM qui fut le mentor du Saoudien) avant d'être mise en œuvre dans le monde entier[2].

L'agent nord-européen que nous désignons sous le pseudonyme de Franz s'est penché sur les relations des Frères avec Al-Qaida. Il partage cette analyse :

> Je crois que l'impulsion est, à l'origine, venue des Frères. Ils ne sont pas innocents. Mon hypothèse, c'est que Ben Laden est un produit de ce système. Les Frères sont des inspirateurs, ils ont fourni le lit idéologique. Ils se distancient des opérations elles-mêmes mais partagent le but de Ben Laden : restaurer l'*Oumma*.

Les Frères ont été essentiels dans le premier *jihad* contre l'URSS, un fait attesté par de très nombreuses sources. Dans la cassette de 1993, Qazi Ahmed Hussain, le chef du Jamiat-i-islami pakistanais, affirme que son mouvement a soutenu le *jihad* afghan

1. Balthasar Garzon, acte d'accusation, procédure 0000035/2001 E, Madrid, 16 septembre 2003, p. 16.
2. Police fédérale (Suisse), note 0502, « Vidéocassette du voyage en Afghanistan de Ghaleb Himmat, mars 1993 ».

durant quatorze ans. Les Frères ont, selon Youssef Nada, envoyé sur place une « section médicale », qui a créé des hôpitaux utilisés par la résistance contre l'Armée rouge. Le bras droit de Ben Laden, Ayman al-Zawahiri, a travaillé comme médecin dans l'un de ces hôpitaux [1]. Les Frères du Koweït ont, selon la CIA, été « substantiellement impliqués » dans l'aide aux *moujahidin* [2]. Le chef des Frères au Yémen, Abdelmajid Zindani, a envoyé des milliers de volontaires en Afghanistan. Reconnaissable à son visage farouche, son goût pour les grandes dagues traditionnelles et sa barbe rousse, il mettra ses combattants islamistes au service du Nord conservateur lors de la guerre qui, au début des années 90, a permis de réunifier les deux moitiés du Yémen. En février 2004, le Conseil de sécurité des Nations unies a placé Zindani sur la liste des individus soumis aux sanctions contre Al-Qaida : le gouvernement américain l'accuse d'avoir servi de « mentor » à Ben Laden et d'avoir soutenu matériellement son groupe.

Certains documents découverts au cours de l'enquête judiciaire sur la société Al-Taqwa suggèrent que le soutien des Frères au *jihad*, en Afghanistan et ailleurs, a pu prendre un tour très concret. Une lettre manuscrite, adressée vraisemblablement à Ghaleb Himmat, énumère ainsi les besoins des combattants islamistes :

> Former notre jeunesse sur un plan intellectuel /bazookas /mitraillettes /bombes de tout type /usines de munitions /TNT /[...] anti-gaz toxiques /bombes toxiques /dispositifs sans fil /stations radio miniatures /vêtements /nourriture /médicaments /grosses sommes /aide des tribus /haut-parleurs /jumelles [...] [3].

1. Montasser al-Zayyat, *The road to Al-Qaeda*, Londres, Pluto Press, 2004, p. 51.
2. Note de synthèse « blanche » (sans en-tête), 1996. L'authenticité de cette note est attestée dans diverses procédures judiciaires américaines.
3. Le document original en arabe porte le numéro 4100400369 dans la procédure suisse sur la banque Al-Taqwa. Traduction : Rawdha Cammoun.

Dans les années 80, le Pakistan, l'Arabie Saoudite et l'ensemble du « camp occidental » emmené par les États-Unis ont aussi soutenu militairement le *jihad* afghan contre l'URSS. Mais l'engagement des Frères en faveur de la Guerre sainte s'est déployé sur d'autres théâtres d'opération : Palestine, Cachemire, Bosnie, jusqu'aux Philippines où les idées des Frères ont inspiré la création du Front moro de libération islamique en 1978[1]. En outre, leur association avec les groupes armés islamistes s'est poursuivie après 1989 et le départ des troupes soviétiques d'Afghanistan. Une grande partie de l'infrastructure « jihadiste » contrôlée par Oussama ben Laden déménage alors vers un nouveau pays, le Soudan. Le Saoudien y investit massivement et finance la construction d'infrastructures stratégiques comme l'autoroute reliant la capitale Khartoum à Port-Soudan, sous le regard bienveillant d'une figure de proue du Mouvement islamique international : Hassan al-Tourabi, ancien étudiant à la Sorbonne, ancien Frère musulman et idéologue du régime soudanais.

La personnalité et le parcours de Tourabi sont exemplaires de la double nature du Mouvement, à la fois « progressiste » et dangereusement proche de groupes extrémistes comme celui de Ben Laden. Avec son sourire suave et son turban blanc, Tourabi évoque une sorte de Gandhi islamiste. Ses années d'études en France et en Grande-Bretagne l'ont fortement imprégné de l'anti-impérialisme qui inspirait les « mouvements de libération » un peu partout dans le monde. Mais on ne trouve pas chez lui cette haine farouche de l'Occident qui habite par exemple Sayyid Qutb. Selon son neveu Omar, qui est l'un de ses intimes, Tourabi est bien plus « occidental » que la plupart des islamistes :

> Dans sa manière de penser, c'est un produit de l'Occident, des idées de Rousseau sur le contrat social. Il voulait élever le niveau

1. « Salamat Hashim : scholar, visionary and mujahid », *Impact International*, septembre 2003.

des masses musulmanes, les faire entrer dans la civilisation. En 1965, il a fondé son parti – qui deviendra le Front national islamique – comme la branche locale des Frères musulmans, mais il a toujours revendiqué son indépendance envers eux. Néanmoins, son mouvement est resté profondément influencé par les Frères[1].

Rêvant d'« islamiser » la civilisation occidentale mais surtout de tirer le Soudan de son arriération, Tourabi a défendu l'alphabétisation des femmes, le multipartisme, le processus de paix avec les rebelles chrétiens du Sud. Il a vertement critiqué le régime des Talibans en Afghanistan. Porté au pouvoir par un coup d'État en 1989, il a voulu faire de l'islamisme une idéologie d'émancipation, destinée à briser les vieilles hiérarchies tribales ou sectaires au profit d'un unique « programme d'obéissance à Dieu[2] » dans lequel se fondraient tous les groupes sociaux. Quant à Ben Laden, Tourabi semble l'avoir considéré comme une sorte de Don Quichotte fougueux mais quelque peu ignorant en matière de religion, et relativement inoffensif. Selon Omar al-Tourabi, à l'époque où il était au Soudan, Ben Laden donnait « de l'argent et pas des armes », menait une vie sociale parfaitement normale et avait même la réputation d'être « très sympa ».

La transformation du Soudan en refuge pour les mouvements jihadistes du monde entier, au nom d'une idéologie « anti-impérialiste », a causé la chute de Tourabi. En 1995, le président égyptien Hosni Moubarak échappe à une tentative d'attentat, et le Soudan est montré du doigt. Face aux pressions internationales, Ben Laden et ses partisans doivent quitter le pays. Ils choisissent de retourner en Afghanistan, d'où ils déclareront plus tard la guerre totale à l'Amérique. Écarté du pouvoir, Tourabi devient un opposant farouche au régime. On le met alternativement en prison

1. Entretien avec Omar al-Tourabi, 22 septembre 2004.
2. « Beyond Revolution : the people », *Impact International*, août 1999.

et en résidence surveillée, où il mène d'épisodiques grèves de la faim agrémentées de dattes et d'eau.

Malgré les désaccords qui l'ont parfois opposé aux Frères égyptiens, l'idéologue soudanais a longtemps bénéficié de la bienveillance de l'organisation internationale de la confrérie. Dans sa lettre adressée en 1995 à son correspondant saoudien « Abou Mohammed », Youssef Nada prie son correspondant d'intercéder en faveur du Soudan :

> Je demeure persuadé que renforcer l'Éthiopie et l'Érythrée au détriment du Soudan ne servira pas les intérêts du royaume [d'Arabie Saoudite], comme je te l'ai dit, car le Soudan, quelle que soit sa force, ne pourra jamais représenter un danger pour le royaume [...]. Comme je te l'ai déjà dit, j'ai contacté le docteur Hassan et je l'ai trouvé très réceptif, mais j'ai arrêté lorsqu'il m'a appris que les lignes étaient sur écoute [...]. Question : Le Serviteur des Lieux saints nous permettra-t-il, à toi et à moi, d'agir à ce sujet ?

Au milieu des années 90, au moment où elle trouve asile au Soudan, l'internationale jihadiste parvient à s'implanter en Europe grâce à la guerre civile yougoslave. De 1992 à 1995, les musulmans bosniaques tentent de résister aux assauts des Serbes et, dans une moindre mesure, des Croates. Le conflit attire dans les Balkans une myriade d'organisations islamistes prétendument « charitables », mais dont l'activité n'est pas seulement humanitaire. Une note de la CIA datant de 1996 relève la confusion qu'elles entretiennent entre leur travail d'aide aux populations, leurs activités politiques et la lutte armée :

> Les activistes islamiques dominent les directions des organisations charitables les plus importantes, et des membres éminents d'organisations plus petites ont été identifiés comme des extrémistes. Les objectifs principaux de ces organisations sont

> le prosélytisme, l'aide aux nécessiteux et la défense des communautés musulmanes contre leurs ennemis. Là où les musulmans sont engagés dans des conflits armés, certaines organisations islamiques fournissent une aide militaire comme élément de leur offre « humanitaire » [1].

Le rapport ajoute qu'un tiers des Organisations non gouvernementales (ONG) islamiques « soutiennent des groupes terroristes ou emploient des individus suspectés de connexions terroristes ». Plusieurs ONG citées dans la note sont liées plus ou moins étroitement aux Frères musulmans. Human Appeal International (HAI), une ONG dont le bureau genevois est dirigé par un membre de l'organisation tunisienne Ennahdah, aurait selon les services américains servi de « récolteur de fonds » pour le Hamas. Human Relief International, qui dépend de l'Union des médecins égyptiens, proche des Frères, aurait employé des membres du groupe armé Gamaa islamiya.

Une lettre destinée probablement à Ghaleb Himmat, le numéro deux de la banque Al-Taqwa, laisse penser que les Frères n'ignoraient rien du double jeu de certaines ONG islamistes. Son auteur se cache sous un pseudonyme (« votre frère Achour ») et sa provenance exacte n'est pas connue, mais son propos est explicite :

> [...] J'aimerais attirer votre attention sur un point très important à savoir qu'il faut éviter de citer des noms au téléphone, car nous sommes convaincus que notre ligne est en permanence sur écoute et nous voulons éviter d'attirer l'attention sur nos activités.
>
> Il faut que tous les contacts qui portent sur le travail et les questions organisationnelles se fassent *de visu* ou de façon sûre. Sachez aussi que l'activité de la maison est connue, qu'elle est constamment sous surveillance et qu'elle fait l'objet

1. CIA, *op. cit.*

de fouilles sans préavis. C'est une activité caritative officielle et nous veillons à maintenir cette caractéristique afin d'éviter qu'on établisse un lien entre cette activité et toute autre activité d'ordre politique. Ne vous étonnez pas si on refuse de vous parler au téléphone de ces choses-là. On ne voit pas d'inconvénient à mettre au point un langage codé pour aborder ces sujets[1].

Un encombrant voisinage terroriste

L'un des principaux acteurs de la nébuleuse humanitaro-jihadiste implantée dans l'ex-Yougoslavie, Anouar Shabaan, était l'un des chefs de l'organisation égyptienne Gamaa islamiya. Au début des années 90, après avoir obtenu l'asile politique en Italie, il prend la direction du Centre islamique de l'avenue Jenner à Milan, puis gagne la Bosnie et dirige un régiment de *moujahidin*. Il partage son temps entre la planification d'opérations militaires et la prédication, « un uniforme sur le corps et des livres dans les mains[2] ». Officiellement, il est aussi employé du bureau albanais de l'ONG islamiste Human Relief Agency.

En 1995, la paix est signée entre Musulmans, Croates et Serbes de Bosnie. Shabaan et ses hommes respectent le cessez-le-feu mais restent sur le terrain, persuadés qu'ils vont bientôt reprendre le combat pour triompher définitivement des Serbes. Selon la biographie publiée sur un site Internet consacré aux « martyrs de l'islam », les succès militaires de Shabaan auraient effrayé les puissances occidentales qui, après avoir laissé les Musulmans se faire massacrer durant trois ans, trament un complot pour éliminer les *moujahidin* qui ont pris leur défense. Lc 14 décembre 1995,

1. Lettre de « votre frère Achour » adressée à « Ghaleb », document manuscrit en arabe. Le numéro de procédure est illisible sur la copie dont dispose l'auteur. Traduction : Rawdha Cammoun.

2. « Later shuhada of islam : shaykh Anwar Shabaan », article publié sur le site http://firdaus.org, tiré du livre *Under the Shade of the Sword* par Azzam Publications.

dans un discours à ses compagnons d'armes, Shabaan accuse les États occidentaux d'entraver la marche de l'islam en Bosnie. Son visage semble rayonner d'une lumière surnaturelle et il confie à sa femme qu'il « sent le paradis ». Puis il prend la route avec quelques hommes. A un barrage croate, des soldats surgis d'un camion militaire mitraillent sa voiture. Shabaan et ses camarades sont tués.

La CIA présente une version bien différente de cet incident. En 1995, lorsque les autorités croates arrêtent un membre de la Gamaa islamiya, Shabaan ordonne des représailles : au mois d'octobre, un kamikaze islamiste se fait sauter avec sa voiture contre un poste de police de Rijeka, en Croatie. C'est en voulant l'arrêter que les forces croates auraient abattu Shabaan quelques semaines plus tard.

Malgré cette fin brutale, le Centre de Milan est demeuré actif dans le domaine du *jihad*. Début 2001, la police italienne arrête plusieurs hommes accusés de préparer un attentat contre l'ambassade américaine de Rome. Certains d'entre eux sont des vétérans des guerres d'Afghanistan et de Tchétchénie, et ils fréquentaient le Centre de l'avenue Jenner[1]. Les autorités américaines ont ensuite désigné celui-ci comme la principale base des réseaux de Ben Laden en Europe. Or, deux directeurs de la société Al-Taqwa, Ghaleb Himmat et Ahmed Idriss Nasreddin, ont soutenu financièrement le Centre, notamment en payant son loyer lorsque ce dernier servait de point d'appui aux combattants du *jihad*[2].

Le soutien du Centre de Milan par les dirigeants d'Al-Taqwa s'inscrit dans une systématique de proximité entre les Frères musulmans et les mouvements islamistes armés. Ce voisinage a été constaté dans de nombreuses procédures judiciaires, en Europe comme aux États-Unis. Le Franco-Algérien Djamel Beghal, arrêté à son retour d'Afghanistan en 2001, a côtoyé les Frères musulmans lors de son séjour à Leicester, où il militait en

1. « Arrested italian cell sheds light on Bin Laden's european network », Center for public integrity, 3 octobre 2001.
2. Entretien avec le procureur fédéral Claude Nicati (Suisse), 30 mars 2005.

faveur de la résistance tchétchène[1]. En Suisse, des militants du mouvement tunisien Ennahdah fréquentaient les membres présumés d'une cellule logistique d'Al-Qaida[2]. L'enquête menée sur le réseau d'Al-Qaida en Espagne révèle des liens plus directs : selon le juge Balthasar Garzon, son chef était un Frère musulman – plus précisément, un membre de « l'Avant-garde combattante » *(Al-Talia al-Muqatila)*, fraction des Frères syriens dirigée depuis Aix-la-Chapelle par Issam al-Attar[3]. D'autres membres de ce réseau appartenaient à l'Avant-garde, par exemple Moustafa Setmarian Nasar, éditeur du journal des GIA algériens à Londres et membre d'Al-Qaida. Un compagnon de route de la cellule espagnole, le correspondant de la chaîne Al-Jazira Taysir Allouni, était également lié aux Frères musulmans syriens.

La connexité entre les Frères et Al-Qaida se retrouve aux États-Unis : un employé de l'Institut international de la pensée islamique (IIIT) a attiré l'attention des autorités américaines parce qu'il a servi d'intermédiaire dans l'achat d'une batterie de téléphone satellitaire destinée à... Oussama ben Laden.

Le révisionnisme du 11 septembre

On peut rapprocher ces contacts du discours que tenait en 1993 le numéro deux de la confrérie, Moustafa Machour : son vœu que l'Occident s'effondre témoigne de la proximité idéologique entre les Frères et l'organisation d'Oussama ben Laden. C'est ce que pense Franz, l'agent secret nord-européen :

> Ben Laden, c'est une partie de la machine qui a échappé à leur

1. Jean-Louis Bruguières et Jean-François Ricard, « Réquisitoire définitif de renvoi devant le tribunal correctionnel », procédure P 01.253.3902/2, septembre 2004, p. 101.
2. Police judiciaire fédérale (Suisse), « Opération al Saud, note de synthèse », 12 mai 2003.
3. Balthasar Garzon, *op. cit*, p. 43.

contrôle. Le 11 septembre, ils ont dû ressentir de l'effroi face à ce qu'a fait le Frankenstein Oussama… Aujourd'hui, pour eux, c'est l'heure de la *reconquista*. Ils essaient de se poser en alternative à Al-Qaida, au terrorisme, mais leur but reste le même : reprendre les terres perdues, élargir la terre de l'islam.

Cette analyse a conduit de nombreux services de renseignements européens à considérer les Frères comme un « sas » vers le terrorisme, sorte de point de passage fréquent dans les itinéraires de radicalisation menant à la violence.

Indéniablement, le discours d'Al-Qaida et celui des Frères présentent des similitudes : rejet de la modernité occidentale, croyance en une conspiration destinée à détruire l'islam, conviction que les musulmans souffrent plus que les autres parties de l'humanité. Mais cela n'a pas empêché les Frères de condamner sévèrement les attaques terroristes de New York et Washington. La figure de proue du Mouvement islamique, Qaradawi, a accusé Ben Laden d'avoir pris en otage l'islam tout entier. Les organisations inspirées par les Frères en Europe ont aussi condamné les attentats, mais leurs dirigeants manquent rarement d'exprimer leurs doutes sur l'identité des responsables réels du 11 septembre. Les librairies de centres islamiques proches des Frères, comme celui d'Aix-la-Chapelle, vendent des ouvrages affirmant que les attentats n'ont pas été perpétrés par Al-Qaida. On trouve la même idée dans la revue britannique *Impact*, où écrivent de nombreux représentants du Mouvement islamique. En octobre 2004, elle affirme que les avions qui se sont écrasés contre le World Trade Center n'ont pas pu causer l'effondrement de ses tours jumelles. L'attentat doit forcément être dû à une conspiration fomentée au sein du gouvernement américain :

> Il est tout à fait clair que les atrocités commises le 11 septembre […] n'ont pu avoir lieu qu'avec la connaissance préalable, la planification méticuleuse et l'accord de nombreux individus, groupes et agences à plusieurs niveaux, y compris les plus hauts,

des autorités locales et fédérales des États-Unis. Il y a une puanteur putride au cœur du gouvernement qui ne s'en ira pas[1].

La motivation de ce « crime d'État » est limpide pour toute personne formée dans le moule idéologique des Frères : le 11 septembre a permis de lancer une « guerre contre le terrorisme » qui vise spécifiquement « l'islam et les musulmans ».

Ainsi, après avoir condamné les attentats du 11 septembre, Qaradawi a dénoncé une « guerre contre l'islam », et l'on retrouve des échos de cette thèse en France, par exemple chez Tariq Ramadan. Avant les attentats, il avait évoqué les « sombres stratégies des pouvoirs » qui utilisent la radicalisation de certains islamistes pour justifier des politiques inhumaines. Après le bombardement du Soudan par les États-Unis, en 1998, il affirme que l'opération vise à bloquer l'élan révolutionnaire dans ce pays, et ne dit mot des liens entre Tourabi et Ben Laden[2]. En octobre 2001, il condamne les attentats aux États-Unis mais évoque l'implication de mystérieux « services secrets » :

> Les musulmans doivent être clairs tout en refusant d'être suspectés : on ne peut donner aucune caution islamique à ces attentats, et il faut en chercher les auteurs en évitant les conclusions hâtives. En effet, les services secrets d'un État aux objectifs pervers ou tout autre groupe politique « antiaméricain » pourraient avoir commis de tels actes en laissant des indices d'une filiation très évidente avec les réseaux de Ben Laden. Si c'est bien ce dernier, alors il doit être jugé, mais il faut éviter les simplifications qui éclaboussent tous les musulmans[3].

1. « Great crime, great coverup », *Impact International*, octobre-novembre 2003.
2. « Le renouveau islamique », conférence enregistrée à Dakar, diffusée sous forme de cassette par les éditions Tawhid, Lyon, sans date.
3. *Le Monde*, 3 octobre 2001.

Deux mois plus tard, lors d'une conférence à Roubaix, il nuance son propos :

> J'ai cette conviction que très très très certainement, et sans l'ombre de beaucoup de doutes, ce sont des personnes de réseaux effectivement musulmans qui ont été impliquées là-dedans. Je n'ai pas beaucoup de doutes là-dessus. Ce que je pense être par contre légitime de poser comme question, c'est : est-ce qu'il n'y a pas de connexions plus complexes que cela ?

Tariq Ramadan dénoncera plus tard dans le bulletin de son mouvement, Présence musulmane, « l'attaque contre l'Afghanistan », le « terrible engrenage liberticide » dont les musulmans seraient les victimes et le fait que « la lutte contre le terrorisme justifie les pires excès ». Fin 2003, entouré par des féministes et des militants altermondialistes au Forum social européen de Paris, il continuait de souligner les incertitudes planant sur les attentats attribués aux islamistes, affirmant que « le terrorisme c'est fuyant, on ne sait pas très bien qui c'est », ou que « sur le terrorisme, on ne sait rien ». Parallèlement, Tariq Ramadan a aussi dénoncé les « théories de la conspiration » qu'il décrit comme « une manière pour les musulmans d'éviter de s'attaquer au problème et de faire face à leurs responsabilités[1] ». Mais lorsque la BBC lui demande ce qu'il pense de la caution morale apportée par le cheikh Qaradawi aux attentats du Hamas, il esquive la question et demande que le dialogue entre musulmans et occidentaux ne soit pas marqué par le « soupçon »[2].

1. « Who's afraid of Tariq Ramadan ? », *Foreign Policy*, novembre-décembre 2004.
2. « HardTalk », BBC, 16 juillet 2004.

Oui au *jihad*, non au terrorisme

Ces louvoiements montrent les difficultés du Mouvement islamique à préciser sa position sur la violence après le 11 septembre et le déclenchement de la « guerre contre la terreur ». Sa réflexion, formulée notamment par Qaradawi, vise à distinguer le *jihad* du terrorisme. En juillet 2003, le Conseil européen des *fatwas* a réaffirmé la légitimité du *jihad*, qui « n'a rien à voir avec les pratiques insensées d'une poignée de gens qui mènent à plus de souffrance et de sang ». Selon le Conseil, Dieu lui-même a approuvé la Guerre sainte dans le Coran :

> Combattez-les jusqu'à ce que vous n'ayez point à craindre la tentation, et que tout culte soit celui du Dieu unique[1].

La lutte armée est justifiée contre le « nettoyage ethnique, l'occupation militaire des terres musulmanes et la persécution religieuse », mais elle doit respecter certaines limites : le *jihad* doit être limité aux attaques contre des objectifs militaires. Le Conseil ne mentionne pas les positions de Qaradawi, qui estime que tous les Israéliens sont des cibles légitimes, puisqu'ils sont des soldats en puissance. En revanche, le Conseil a dénoncé ce qui est selon lui la pire forme de terrorisme : « l'occupation », telle qu'elle est pratiquée par Israël en Palestine ou par les États-Unis en Irak.

Dans cette optique, il y a deux sortes de guerres menées au nom de l'islam : celles qui sont « justes » parce qu'elles visent à défendre les musulmans contre l'oppression, comme en Irak, au Cachemire ou en Palestine, et celles qui sont injustes parce qu'elles ne respectent pas les limites fixées par Dieu. Les attentats d'Al-Qaida tombent généralement dans la seconde catégorie.

1. *Coran*, sourate II, « La génisse », verset 189, Classiques Garnier, Paris, 1999.

Qaradawi a ainsi condamné les attentats commis en novembre 2003 à Riyad, qui ont tué dix-sept personnes : « Verser le sang des civils, même non-musulmans, est *haram*, interdit par Dieu, et ne doit pas se produire sous quelque prétexte que ce soit[1]. » Dans la foulée, le cheikh expose sa méthode pour combattre le terrorisme :

> Il faut s'attaquer à la racine de ces problèmes. Ils doivent être résolus par le dialogue et la compréhension, et l'intervention sécuritaire ne doit plus avoir la priorité.

Ainsi, la discussion avec la « jeunesse armée », qui passe par un « pardon » de celle-ci, permettra aux gouvernants et aux peuples musulmans de retrouver leur unité pour faire face à « tous les complots en voie de réalisation ». Qaradawi propose de « dialoguer » avec les terroristes et de « pardonner » leurs crimes parce qu'il les considère comme des enfants égarés qu'il faut ramener à la raison par des paroles éclairées, pas par la répression. L'idée s'inscrit pleinement dans la tradition des Frères. Dans les années 70, le Guide égyptien Omar Talmasani avait vu dans l'émergence de groupes islamistes violents « le fruit naturel des souffrances atroces endurées par les prêcheurs de l'islam au cours des années passées[2] ». Il recommandait au gouvernement de laisser les Frères ramener les brebis égarées dans le droit chemin. Dans sa lettre au « frère Abou Mohammed », Youssef Nada compare les groupes armés à des adolescents impétueux en révolte contre leur famille :

> Pour nous défendre et imposer le respect, il ne faut pas tourner le dos à ces adolescents et aux fautifs, voire aux criminels qui sont des nôtres, qui font partie de notre religion. Il faut non pas les éradiquer, mais leur apprendre à nous comprendre, grâce à notre maturité, à la sagesse, aux sermons [...].

1. « Riyadh bomb attacks "haram" : Qaradawi », article placé sur le site islamicforumeurope.com, 13 novembre 2004.
2. Carré, Michaud, *op. cit.*, p. 118.

« Dialogue » avec les terroristes, soutien au *jihad* lorsqu'il peut être considéré comme juste : cette position n'est pas facile à tenir dans le monde de l'après-11 septembre, marqué par la vision manichéenne du président américain Bush et la mobilisation des États occidentaux contre l'islamisme extrême. En Europe, le soutien de Qaradawi au Hamas embarrasse ceux qui, comme l'UOIF, considèrent le cheikh comme une référence. Au centre d'Aix-la-Chapelle, Hildegard Mazyek explique que Qaradawi est un pourvoyeur apprécié de conseils sur la vie quotidienne, mais que les fidèles se passeraient volontiers de ses déclarations sur les attentats-suicides.

La trahison des Frères

La condamnation des actions d'Al-Qaida par les Frères musulmans s'accompagne souvent d'une dénonciation des « vrais » responsables du terrorisme – les gouvernements arabes, Israël ou l'Occident. En octobre 2004, une série d'explosions dans le Sinaï cause la mort de nombreux Israéliens et de plusieurs Égyptiens. Le chef des Frères musulmans en Jordanie, Abdelmajid Zouneibat, ne condamne pas les auteurs des attentats, mais le « terrorisme américain et sioniste » dans la région :

> Ce qui s'est passé à Taba est l'expression de la colère du peuple [...]. Ce qui se passe en Irak, à Gaza et en Palestine, c'est une attaque directe contre nos enfants et nos frères. La violence ne fait que nourrir la violence et le terrorisme ne fait que nourrir le terrorisme[1].

Cette apparente mansuétude envers les terroristes ne doit pas masquer une vérité historique indiscutable : les groupes islamistes

1. AFP, 8 octobre 2004.

violents se sont largement développés *contre* les Frères musulmans et leur attitude attentiste, prudente et prête au compromis avec les régimes en place. On peut faire remonter l'émergence du terrorisme islamiste à la répression déclenchée contre les Frères égyptiens au milieu des années 60. Des milliers d'islamistes sont arrêtés, et parmi eux un certain Moustafa Chukri. Dans son camp d'internement, il devient un lecteur avide de Maudoudi et de Qutb, les penseurs de référence des Frères[1]. Libéré en 1971, il tente de recréer une société musulmane authentique en marge du monde qu'il juge impie. Persécuté, son groupe assassine un notable. Chukri est pendu en 1977, non sans avoir dénoncé les Frères qui pactisent avec le gouvernement et s'accommodent des épisodes récurrents de répression :

> J'accuse de haute trahison les dirigeants du mouvement islamique qui ont mené leurs hommes à leur perte [...], ces dirigeants des Frères musulmans qui les ont livrés aux bourreaux, aux potences, aux prisons[2].

Le martyre de Qutb, exécuté en 1966 après des années d'emprisonnement et de torture, est à l'origine de l'engagement politique de l'Égyptien Ayman al-Zawahiri, l'éminence grise d'Oussama ben Laden. Condamné après l'assassinat du président Sadate, en 1981, Zawahiri subit de nombreux interrogatoires où il doit expliquer les positions du groupe clandestin qu'il a formé :

> Nous sommes différents des Frères musulmans parce que, parfois, ils ne s'opposent pas au gouvernement[3].

Plus tard, Zawahiri critique Abdallah Azzam, l'idéologue Frère musulman du *jihad* afghan, qu'il accuse de complaisance avec les

1. Gilles Kepel, *Le Prophète et Pharaon*, Paris, La Découverte, 1984, p. 77.
2. Cité par Tariq Ramadan, *Aux sources du renouveau musulman*, Paris, Bayard Centurion, 1998, p. 441.
3. Montasser al-Zayyat, *op. cit.*, p. 47.

régimes arabes conservateurs et leur allié américain. Il écrit aussi un livre, *La Récolte amère (Al-Hasad al-Murr)*, où il dénonce la passivité des Frères et leur refus de la lutte armée contre les gouvernements infidèles. Il existe une différence fondamentale entre Al-Qaida, qui veut mener un *jihad* total contre l'Occident et les régimes arabes qu'il soutient, et les Frères qui pensent d'abord à assurer la survie de leur organisation. Le Projet formule ainsi cet impératif :

> Le huitième point de départ :
> [...] Il ne faut pas chercher une confrontation avec nos adversaires, à l'échelle locale ou mondiale, qui serait disproportionnée et qui pourrait aboutir à des attaques à l'encontre de la *dawa* ou de ses disciples.
> *a- Éléments :*
> [...] 3. Éviter que le mouvement se heurte à des confrontations majeures qui pourraient encourager ses adversaires à lui porter un coup fatal.

Ce passage laisse imaginer l'épouvante que les attentats du 11 septembre ont dû susciter chez les Frères : cette attaque frontale contre l'hyperpuissance américaine a exposé l'ensemble du Mouvement islamique à une riposte dévastatrice. Cela explique que l'avocat égyptien Montasser al-Zayyat, islamiste pur et dur et ancien ami de Zawahiri, critique sans détour la stratégie d'Al-Qaida :

> Même les Frères musulmans ont été affectés par la campagne américaine qui s'en est pris à tout ce qui est islamique. Les Américains ont pris des mesures contre la banque Al-Taqwa, bien qu'elle n'ait pas de relations avec Al-Qaida [...]. Au lieu de réaliser le rêve [...] d'unifier tous les groupes islamiques, le fossé entre eux s'est creusé, en faisant des proies faciles pour leurs ennemis[1].

1. *Ibid.*, p. 100.

Principal groupe armé issu des Frères musulmans, le Hamas palestinien s'est bien gardé de laisser Al-Qaida développer son influence dans les Territoires occupés par Israël. Malgré certaines similitudes comme le recours aux attentats-suicides, les objectifs des deux organisations sont fondamentalement différents. Al-Qaida voudrait utiliser la cause palestinienne au service de son *jihad* global, alors que le Hamas entend seulement chasser les sionistes de Palestine. L'un des dirigeants du Hamas l'a expliqué lors d'un entretien donné en 2003 à *Al-Hayat*, un journal arabe de Londres :

> La vision du Hamas ne permet [pas] la violence excepté contre l'ennemi occupant. Notre combat est limité aux Sionistes, qui occupent notre terre de Palestine[1].

En mai 2004, le Hamas prenait l'initiative inhabituelle de condamner l'attentat commis à Khobar, en Arabie Saoudite, par des partisans d'Al-Qaida :

> Le Mouvement de résistance islamique Hamas exprime sa condamnation sévère et son chagrin face à l'attaque criminelle qui a causé la mort de dizaines de civils et de gens innocents [...] dans la ville de Khobar, dans le royaume frère d'Arabie Saoudite. Nous rejetons ce type d'attaque et nous voulons souligner qu'elles nuisent à la sécurité et à la tranquillité de nos pays, ainsi qu'aux intérêts islamiques et nationaux[2].

Les dissensions entre Al-Qaida et les Frères se sont aussi manifestées de façon éclatante en Irak, après l'invasion américaine de 2003. Début 2004, les Américains affirment avoir intercepté une lettre d'Abou Moussab al-Zarkaoui, le terroriste le plus

1. Cité par Reuven Paz, « Hamas vs Al-Qaeda ; the condemnation of the Khobar attack », *PRISM special dispatches*, vol. 2 (2004), n° 3 (2 juin 2004).
2. *Ibid.*

recherché du pays : c'est une sorte de proposition d'allégeance destinée aux chefs d'Al-Qaida, Ben Laden et Zawahiri, que Zarkaoui appelle « les hommes des cimes des montagnes » et les « faucons de la gloire ». Ce message évoque l'attitude des Frères musulmans en Irak :

> Comme vous l'avez observé, ils se sont fait une spécialité de faire commerce du sang des martyrs, et ils ont bâti leur gloire contrefaite sur les crânes des fidèles. Ils ont négligé leur monture, mis de côté leurs armes, dit « pas de *jihad* »... et menti. Tout leur effort vise à étendre leur influence politique et à s'emparer des postes représentant les Sunnites au sein du gouvernement, tout en prenant secrètement soin de contrôler des groupes de *moujahidin* à travers le soutien financier, et ce pour deux raisons. La première est le travail de propagande et de relations publiques à l'étranger pour attirer de l'argent et de la sympathie, exactement comme ils l'ont fait lors des événements en Syrie. La seconde est de contrôler la situation et de dissoudre ces groupes lorsque la fête sera finie et que les cadeaux auront été distribués. [...] Ils ont l'habitude de prendre le bâton par le milieu et de changer à mesure que le climat politique change[1].

Ce texte répète la critique que les groupes jihadistes adressent depuis longtemps aux Frères : ils sont prêts à se compromettre avec n'importe quel gouvernement, aussi infidèle soit-il, pourvu qu'il leur donne assez d'espace pour exister, exprimer leurs idées et développer leur influence politique[2]. La lettre fait apparaître la position des Frères en Irak comme foncièrement opportuniste : d'un côté, Zarkaoui affirme qu'ils ont des contacts avec la résistance islamiste ; de l'autre, les Frères irakiens siègent dans les institutions mises en place par les Américains. Le Parti islamique

1. Coalition provisional authority, « Statement on Ashoura bombings », 2 mars 2004.
2. Entretien avec Reuven Paz, 3 février 2005.

irakien (PII), leur aile politique, a longtemps envisagé de participer aux premières élections organisées après l'invasion, en janvier 2005. Il s'en est abstenu au dernier moment pour protester contre l'offensive américaine dans la ville de Falloujah, bastion de la résistance, mais a continué à participer au processus politique.

Parfois, cette extrême adaptabilité peut passer pour de l'incohérence. En Algérie, à partir des années 70, les Frères musulmans se sont opposés au gouvernement laïc, ce qui a valu plusieurs années de prison à leur chef Mahfoudh Nahnah. Après avoir observé avec sympathie l'émergence du Front islamique du salut (FIS), entre 1988 et 1992, leur branche locale a échappé à la répression grâce à la prudence de Nahnah, qui avait tissé des liens avec l'armée[1]. Son attitude, comme sa participation à l'élection présidentielle de 1995, était contraire à la position des Frères égyptiens, plus favorables au FIS. Elle lui a valu des menaces de mort de la part des groupes armés, mais a permis à son organisation de survivre durant les pires moments de la répression militaire.

En Syrie, malgré les sanglants événements des années 80, les Frères ont aussi survécu. Ils ont renoncé à la lutte armée pour renverser le gouvernement autoritaire du clan Assad, prônent la « participation populaire démocratique » et se disent solidaires de « tous les défenseurs des droits de l'homme »[2]. En Égypte, où ils sont officiellement interdits, les Frères souhaitent devenir un parti politique et demandent des élections libres. Les « terroristes » d'hier seront-ils les « islamo-démocrates » de demain ? Les irréductibles ennemis des « croisés » peuvent-ils aider l'Amérique à libérer le Proche-Orient, et l'Europe à intégrer paisiblement l'islam ? Beaucoup, en Occident, sont tentés de le croire.

1. « Shaikh Mahfoudh Nahnah 1942-2003 : Repose, realism and literary eloquence », *Impact international*, août 2003.
2. AFP, 25 février 2004.

8

A la recherche des « nouveaux islamistes »

L'influence du Mouvement islamique sur les populations musulmanes d'Europe et d'Amérique pose un problème inédit aux gouvernements occidentaux. Après le 11 septembre, beaucoup d'entre eux sont enclins à dialoguer avec les islamistes pour éviter un « choc des civilisations » dévastateur. Mais ils ne peuvent ignorer que le Mouvement s'inspire toujours de l'idéologie des Frères, dont le Projet est une expression condensée. Son rejet de la démocratie et des droits individuels, sa complaisance affichée envers le terrorisme – perçu comme un moindre mal face à « l'impérialisme » – font du Mouvement un interlocuteur problématique au moment où l'Occident affronte deux défis majeurs : l'intégration de l'islam en son sein et la transformation démocratique du Moyen-Orient.

En août 2004, le gouvernement de la Norvège se trouva confronté à une question délicate : devait-il accorder un visa d'entrée à Qazi Ahmed Hussain, chef du parti islamiste pakistanais Jamiat-i-islami, qui fut l'un des membres de la délégation des Frères musulmans envoyée en Afghanistan onze ans plus tôt ? La Belgique et les Pays-Bas avaient refusé de l'accueillir sur leur territoire en raison de sa proximité historique avec Oussama ben Laden. Les autorités norvégiennes adoptèrent une position différente, exposée par la ministre Erna Solberg :

> Le gouvernement tient à pouvoir engager le dialogue avec les personnes susceptibles d'être considérées comme des religieux radicaux. [Hussain] représente une tendance fondamentaliste de l'islam et ses opinions sont complètement opposées aux valeurs de la société et du gouvernement norvégiens. Nous avons cependant choisi la voie de la liberté d'expression. L'ouverture et la liberté d'expression sont des outils importants contre les positions fondamentalistes[1].

Le principal politicien populiste norvégien, Carl Ivar Hagen, dénonça immédiatement cette décision :

> C'est une tendance à long terme en Norvège et en Europe qui me préoccupe. La montée du fondamentalisme est une chose que l'on devrait stopper plutôt qu'encourager.

L'épisode norvégien reflète le dilemme des gouvernements occidentaux face à l'islamisme radical de Hussain et des Frères musulmans : faut-il le traiter comme un ennemi mortel, ou comme une force politique capable de se plier aux règles du jeu démocratique ? Doit-on l'isoler et le combattre, ou dialoguer, négocier avec lui ?

Après les attaques du 11 septembre 2001, les États occidentaux ont adopté des attitudes divergentes dans leurs relations avec les islamistes. Les autorités américaines ont dénoncé comme « terroristes » des organisations et des individus dont elles louaient auparavant la modération, comme l'Institut de la pensée islamique à Herndon ; elles ont refusé un visa de travail à l'intellectuel suisse Tariq Ramadan, autrefois invité par le département d'État, ou à l'ancien chanteur britannique Cat Stevens, converti sous le nom de Yousouf Islam. Par ailleurs, le cheikh Qaradawi voyage sans encombre en Europe alors qu'il est interdit d'entrée aux États-Unis depuis 1999. Le gouvernement français l'a même chaleureusement

1. Cité par AFP, 19 août 2004.

remercié pour son intervention en faveur des journalistes enlevés en Irak en 2004. La France a fait du Mouvement islamique qu'il incarne un interlocuteur officiellement reconnu, en offrant une place de choix à l'UOIF au sein du Conseil français du culte musulman. En Grande-Bretagne, le gouvernement a exprimé son indignation face aux déclarations de Qaradawi sur les attentats-suicides, ce qui n'a pas empêché le religieux égyptien d'être reçu à bras ouverts à Londres, en juillet 2004. Selon le maire de la ville, Ken Livingstone, le dialogue avec les islamistes est indispensable pour éviter un « choc des civilisations » dévastateur entre le monde musulman et l'Occident[1].

Il y a dans ce raisonnement quelque chose de paradoxal : peut-on éviter le « choc des civilisations » en dialoguant avec un mouvement fondé précisément sur la croyance en l'inimitié irréductible entre islam et Occident ? Depuis les origines, le Mouvement islamique considère les musulmans comme victimes d'un complot tramé par les « croisés » et les « matérialistes » durant au moins mille ans. Sa lecture de l'histoire comme affrontement épique entre l'islam et ses ennemis est le trait commun qui relie la fondation des Frères musulmans en 1928 et l'exil de Saïd Ramadan, le Projet de 1982 et les livres vendus dans les grands rassemblements islamistes de l'Europe du XXIe siècle. Le « choc des civilisations » n'a rien de nouveau pour les Frères et leurs héritiers : ils y croient depuis des décennies et les événements plus récents, de la prétendue « machination » du 11 septembre à l'invasion de l'Irak en 2003, les ont plutôt confortés dans leurs certitudes.

Née d'un Proche-Orient marqué par le colonialisme, l'absence de libertés, les guerres contre Israël et la lourde main du gendarme américain dans la région, cette dialectique du « eux » (Occidentaux

1. Greater London authority, *Why the Mayor of London will maintain dialogues with all of London's faith and communities : A reply to the dossier against the Mayor's meeting with Dr Yusuf al-Qaradawi*, Londres, janvier 2005.

matérialistes ou «croisés») contre «nous» (musulmans persécutés) a été importée presque intacte en Europe. Elle a conduit les têtes pensantes du Mouvement islamique à considérer les musulmans d'abord et avant tout comme des sujets de l'*Oumma* dans sa lutte pour la survie en Palestine, en Irak, en Tchétchénie ou sur les autres fronts d'un *jihad* qui n'a jamais cessé. Les Frères musulmans et leurs héritiers ont vu dans la présence croissante de l'islam en Europe et en Amérique une occasion de faire avancer leur grand dessein, la création d'une communauté mondiale des croyants, disciplinée et soudée, qui assurera le triomphe de l'islamisme face à l'Occident corrompu. Dans une époque marquée par la guerre contre le terrorisme, la persistance de cette vision du monde expose les musulmans au pire des soupçons: celui de former une «cinquième colonne» infiltrée au service d'une idéologie liberticide.

Il serait facile de rejeter cette accusation comme produit malsain de l'«islamophobie», d'un racisme rampant visant à salir l'islam et ses fidèles. Mais la découverte tardive du Projet, en novembre 2001, suggère que le Mouvement n'a pas dit toute la vérité sur les finalités de son action. Ce texte, nous l'avons relevé, n'est pas un document théorique, mais bien un guide pratique qui éclaire d'un jour nouveau le développement du Mouvement islamique dans le monde depuis les années 80. Il préfigure des événements qui se sont réellement produits après sa rédaction: l'implication des Frères musulmans et de groupes apparentés dans la guerre contre les Soviétiques en Afghanistan; leur présence aux côtés de mouvements combattant les «ennemis de l'islam» dans divers pays; le passage des Frères palestiniens à la lutte armée contre Israël; la création d'un réseau international d'instituts et de centres de réflexion destiné à doter le Mouvement islamique d'un appareil de propagande et d'information efficace. Le Projet offre en outre un condensé particulièrement expressif des modes de pensée et d'action propres aux Frères musulmans et à leurs héritiers. L'objectif suprême qu'il définit est clair: permettre au Mouvement d'étendre son influence, par divers moyens, afin d'«établir le règne de Dieu sur Terre », c'est-à-dire d'assurer la domination de l'*Oumma* et de ses représentants sur le monde.

Cette ambition est tellement éloignée des réalités actuelles que le simple fait de la formuler peut paraître absurde. De fait, les héritiers des Frères musulmans dans l'Occident contemporain parlent rarement, du moins à leurs interlocuteurs laïcs, de créer un État islamique mondial. Mais cela ne veut pas dire que l'idée ait été complètement abandonnée, au contraire. Il est frappant de constater qu'au début du XXIe siècle la littérature distribuée aux militants islamistes dans les pays occidentaux continue d'y faire référence : par exemple, une brochure américaine datée de 2003 et destinée aux jeunes activistes du Mouvement explique que « les musulmans, partout dans le monde, aspirent à réaliser le but commun d'une *Oumma* musulmane unifiée qui sera capable de guider l'humanité vers l'harmonie, la paix et le bonheur[1] ». Plus loin, dans un passage consacré aux enseignements politiques de Hassan al-Banna, le premier Guide des Frères, le même document fixe comme buts à long terme « l'accomplissement du projet de renaissance et l'établissement de l'État musulman idéal ».

Les faits que nous avons examinés dans ce livre permettent de penser que cette société islamique « idéale » serait fort différente du système – libéral, démocratique, matérialiste, les appellations varient – qui prévaut dans l'Occident d'aujourd'hui. D'abord parce que l'autorité suprême ne serait plus exercée par les représentants des électeurs, mais par les responsables religieux chargés d'interpréter les textes sacrés, considérés comme seule base légitime du pouvoir politique et de la vie sociale elle-même. Ensuite parce que les notions de primauté de l'individu et de liberté personnelle s'effaceraient au profit de la domination de la communauté, du groupe, dont les membres devraient être guidés par les préceptes de la religion. Enfin, parce que tout examen critique, toute remise

1. Muslim American Society, *Mirroring the Islamic Image*, MAS Youth Camp, 22-24 août 2004.

en cause de la religion elle-même seraient interdits sous peine de mort, comme le montrent les positions maintes fois réitérées du cheikh Qaradawi sur l'apostasie.

Le problème n'est pas de savoir si, ou quand, ce modèle islamiste s'imposera dans les pays occidentaux. Le pronostic le plus raisonnable que l'on puisse faire à ce sujet est : probablement jamais. Il est presque impossible d'imaginer quelles circonstances pourraient conduire les habitants des pays développés à adopter le régime décrit plus haut. La vraie question concerne les populations musulmanes d'Occident : risquent-elles de souscrire au projet communautariste du Mouvement islamique ? La vigueur de ce dernier, en tout cas, est indéniable et se manifeste autant dans les « grand-messes » comme les réunions du Bourget que dans le travail social, peu spectaculaire mais constant, que déploient les relais du Mouvement (mosquées, centres culturels, associations diverses) dans presque tous les pays occidentaux. Le Mouvement y a établi une présence significative, il est mieux organisé que la plupart des autres sensibilités musulmanes et sa popularité, même limitée, est réelle. Quelles que soient les réactions qu'ils suscitent dans le reste de la population, les islamistes ne disparaîtront pas. Ils sont appelés, au contraire, à devenir un élément permanent du paysage social et politique européen.

La peur de voir émerger en Occident une « société séparée » qui s'autogouvernerait sur la base de la *charia* n'est pas complètement infondée. Un peu partout, le Mouvement a soutenu des initiatives qui trahissent sa volonté d'installer les musulmans dans une sorte d'univers parallèle : création de tribunaux islamiques au Canada ou en Grande-Bretagne, projets européens de conseils d'arbitrage destinés à trancher les litiges entre fidèles, ou idée, avancée par Hani Ramadan, de « Parlement musulman » en Suisse[1]. L'intense activité sociale et religieuse des Frères et de leurs héritiers vise à

1. Fawzia al-Ashmawi, *La Condition des musulmans en Suisse*, Genève, CERA éditions, 2001, p. 124.

créer une communauté suffisamment cohérente pour résister à la tentation de se laisser absorber par la société environnante, considérée comme fondamentalement inférieure à la « civilisation islamique » dont le Mouvement se croit le précurseur. Celui-ci veut aussi favoriser l'avènement d'un « individu islamique » qui serait à la fois croyant irréprochable, citoyen modèle et militant dévoué de la cause – l'avènement de cette société musulmane que les brochures du Mouvement, un peu partout dans le monde, présentent comme le paradis sur terre. « Dans ce but, nous devons pratiquement absorber l'islam dans les pores de notre peau jusqu'à ce qu'il devienne la définition même de ce que nous sommes », affirme un manuel destiné aux militants américains[1].

En elle-même, l'idée que ce monde islamiste parallèle puisse cohabiter sans heurts avec le reste de la société est discutable. Elle l'est encore plus depuis que les attentats du 11 septembre ont exposé les contorsions du Mouvement islamique sur le terrorisme. Dans le discours des Frères et de leurs continuateurs, les kamikazes d'Al-Qaida sont souvent présentés comme des enfants irresponsables, de jeunes égarés qu'il importe de ramener sur le droit chemin, et non de punir ou d'éradiquer. De même, les « vrais » responsables de la violence sont, pour le Mouvement, presque toujours sionistes ou occidentaux : ce sont leurs injustices, leurs agressions supposées contre l'islam qui expliquent l'existence presque naturelle du terrorisme. L'attribution des attaques du 11 septembre à une fantasmagorique machination gouvernementale procède du même esprit, tout comme le fait qu'on ne trouve pas trace, dans la pensée du Mouvement, d'un examen critique de ses responsabilités dans la genèse d'Al-Qaida et d'autres groupes islamistes armés. Sur ce point, le Projet, ainsi que les propos tout à fait explicites du cheikh Qaradawi dans ses *Priorités*, offrent une explication cohérente aux contacts historiques avérés entre deux mouvances prétendument incompatibles, les Frères musulmans

1. Muslim American Society, *op. cit.*

« modérés » et les guerriers fanatiques d'Oussama ben Laden. Ces textes montrent que les Frères ont longtemps vu dans les militants du *jihad* une force d'appoint utile à la réalisation de leur grande idée, la création d'un « bloc islamique » à même de tenir tête à l'alliance des « croisés », des sionistes et de leurs collaborateurs arabes. La volte-face opérée depuis le 11 septembre, les condamnations publiques d'Al-Qaida par les figures de proue du Mouvement ne peuvent faire oublier la persistance d'un trait commun aux deux groupes : l'adhésion à la mythologie de l'*Oumma* en lutte contre ses ennemis héréditaires. Cela ne signifie pas que les Frères musulmans et leurs héritiers soient des terroristes en puissance, mais permet de comprendre pourquoi leur discours aboutit souvent à nier, minimiser ou relativiser les actes de terreur lorsque ceux-ci sont commis par des islamistes.

Dans le contexte créé par les attentats de New York et de Washington et la « guerre contre le terrorisme » qui s'en est suivie, il était fatal que les ambiguïtés du Mouvement islamique sur la violence fussent exploitées par des politiciens revendiquant plus ou moins ouvertement leur mépris de l'islam. Ainsi, en Belgique, le populiste flamand Philip Dewinter estime que les immigrés musulmans forment un « cheval de Troie pour importer le fondamentalisme[1] ». En Allemagne, le chef du puissant groupe de presse Axel Springer dénonce une campagne de « musulmans fanatiques » visant la « destruction totale » de l'Occident[2]. En Grande-Bretagne, un journal conservateur appelle les forces de droite à créer un parti antimusulman afin de profiter de « l'énorme vague de fond populaire contre l'islam[3] ». Ailleurs, en France, en Italie, aux Pays-Bas, on assiste à la montée d'un néoconservatisme à l'européenne, qui se pose volontiers en défenseur de la liberté et de l'ouverture pour mieux exprimer des vues hostiles aux musulmans en général. Mais l'opposition au projet de société islamiste va bien au-delà de

1. *Time magazine*, 28 février 2005.
2. *Sunday Times* (Irlande), 27 février 2005.
3. Greater London authority, *op. cit.*

l'extrême droite, du populisme ou de la droite nationaliste. Une partie de la gauche européenne redouble de critiques contre « l'islamo-fascisme » et ses manifestations. De nombreux citoyens « progressistes », féministes, centristes ou sans étiquette politique partagent, à des degrés divers, le même malaise devant l'émergence d'un islamisme vindicatif qui prétend supplanter la civilisation occidentale par un système fondé sur les certitudes du divin. Ils ont de la peine à comprendre quels bienfaits apportent l'irruption du voile dans leurs écoles, la diffusion dans les mosquées des pensées abrasives de Sayyid Qutb, ou l'émergence d'un nouvel obscurantisme qui remet au goût du jour démons et supplices de l'enfer.

Toujours prompts à dénoncer le simplisme des médias lorsque ceux-ci s'aventurent dans leur domaine de compétence, les islamologues ont été plus réticents à relever le caractère radical des idées du Mouvement islamique, peut-être par souci de ne pas se brouiller avec leur sujet d'études. Au contraire, certains d'entre eux voient dans l'extension du Mouvement en Occident l'émergence d'une génération de « nouveaux islamistes » prêts à intégrer la démocratie, les droits de l'homme et la modernité dans leur système de pensée[1]. Ils croient sincère le discours islamiste officiel, qui affirme que le travail d'encadrement communautaire entrepris par les Frères et leurs héritiers vise en fait à mieux intégrer les musulmans dans les pays où ils résident. L'islamologue français Olivier Roy résume ainsi cette analyse :

> Au fond, ce que l'on reproche à ces gens, c'est d'être musulmans. Certes, ils ont une stratégie politique. Leur objectif, c'est de constituer un lobby pour négocier avec les autorités, une sorte d'église islamique européenne. Ils remplacent le *jihad* [guerre sainte] par la *dawa* [prédication]. Ils pensent

1. Voir Raymond William Baker, *Islam without fear : Egypt and the new islamists*, 2003, cité par Greater London authority, *op. cit.*

> avoir la meilleure religion du monde et veulent offrir une alternative à la décadence du monde occidental. Ils veulent nous convertir – mais les témoins de Jéhovah aussi ! Ils sont également très conscients du déclin de l'Orient. Pour eux, un Occident islamisé serait le paradis sur terre[1].

Le pari de nombreux observateurs de l'islam contemporain est que le Mouvement islamique peut évoluer. C'est d'ailleurs le reproche que lui font les islamistes fondamentalistes, qui l'accusent de se plier aux règles du jeu occidentales en échange d'un peu d'espace politique. Beaucoup de spécialistes pensent que le Mouvement n'est pas monolithique et que ses nombreuses ramifications développent des lignes politiques différentes, parfois opposées entre elles. De cette diversité pourrait naître un islamisme modernisé, pleinement compatible avec la démocratie occidentale.

Le discours résolument « citoyen » de certaines organisations issues du Mouvement en Europe est peut-être un signe de cette métamorphose. En France, l'UOIF demande à ses ouailles de participer aux élections, d'obéir aux décisions de justice même si elles sont contraires à l'islam et de faire la distinction entre l'appartenance spirituelle à l'*Oumma* et « l'exigence morale de rester fidèle à son pays non-musulman[2] ». A entendre son président, l'organisation se satisferait d'une sorte d'islamisme dépolitisé :

> Les musulmans de France, citoyens de ce pays, attachés et fidèles à leur pays, ne cherchent pas par leur pratique religieuse à défier la République ou à remettre en cause ses lois. Ils veulent tout simplement vivre leur spiritualité en voulant s'adapter au contexte et rester porteurs de paix et de fraternité[1][...].

1. Entretien avec Olivier Roy, 19 octobre 2004.
2. Discours de Lhaj Thami Breze, président de l'UOIF, Le Bourget, 28 mars 2005.
3. *Ibid.*

On retrouve la même idée chez d'autres représentants du Mouvement islamique, comme Iman Elkadi, la fille d'un haut responsable des Frères installée aux États-Unis : « Je crois qu'il faut simplement vivre comme des musulmans et la vérité finira par s'imposer d'elle-même[1]. »

Comme elle, d'autres fidèles expriment le souhait de pratiquer une religion qui délaisserait les grandioses ambitions géopolitiques du passé et renoncerait à « établir le règne de Dieu sur Terre » en précipitant la chute de l'Occident. L'un des représentants de cet islam libéral, Jamal al-Banna, est le frère cadet du premier Guide des Frères musulmans, Hassan al-Banna. Directeur d'une fondation pour la culture islamique basée au Caire, il prône la non-intervention de l'État dans les affaires religieuses des individus :

> L'esprit même du Coran [fonde] la foi et la croyance sur la conviction de l'individu et sur sa guidance, sans contrainte ni pression extérieure. Il fonde la foi et la croyance sur la liberté de choix la plus totale, exprimée par le passage coranique suivant : « Quiconque le veut, qu'il croie, et quiconque le veut, qu'il mécroie »[2].

Cela implique que, sur la question de l'apostasie, l'État s'abstienne de toute sanction, même dans un pays majoritairement musulman. Les positions de Jamal al-Banna permettent de concevoir un islam réconcilié avec la liberté individuelle et le principe de neutralité religieuse de l'État, ce qu'on appelle en France la laïcité. Mais ce point de vue est encore loin d'être majoritaire au sein du Mouvement, comme l'explique Iman Elkadi : « Beaucoup de gens parmi les Frères musulmans pensent à l'ancienne mode. Ils

1. Entretien avec Iman Elkadi, Washington, 9 février 2005.
2. Jamal al-Banna, « Pas de sanction pour l'apostasie... la liberté de conscience est le fondement de l'islam », *islamophile.org*, 17 mars 2003.

pensent qu'ils doivent tout contrôler, que leur chemin est juste et que c'est le seul possible[1].»

La permanence des attitudes autoritaires et rigides typiques des militants de l'ancienne génération s'explique en partie par la structure démographique du Mouvement: qu'ils soient hiérarques des Frères égyptiens ou penseurs autonomes comme Qaradawi, ses principaux dirigeants sont tous octogénaires ou presque. En Égypte, le Guide des Frères Muhammad Akef demande des élections libres, mais le programme politique du Mouvement islamique au Proche-Orient se résume pour l'essentiel à l'instauration de la *charia* et de son corollaire, une démocratie limitée où le peuple a le droit de voter mais pas celui de contredire l'islam[2]. Bien que les Frères n'aient jamais réussi à concrétiser durablement leur rêve d'État islamique, leur principe de base n'a pas changé: pour eux, «l'islam est la solution».

Les gouvernements européens peuvent jouer un rôle dans l'évolution future du Mouvement islamique. Nous avons vu que l'un des objectifs fondamentaux du Mouvement en Occident est de devenir l'interlocuteur privilégié des États pour toutes les questions concernant la pratique de la religion musulmane. A terme, ses représentants rêvent d'exercer une sorte d'hégémonie sur les musulmans en obtenant un statut de gestionnaires officiels du culte islamique. Mais avant d'offrir aux Frères et à leurs héritiers la reconnaissance qu'ils recherchent, les gouvernements occidentaux seraient bien inspirés de distinguer, au sein du Mouvement, les éléments authentiquement libéraux – les «nouveaux islamistes» – de ceux qui se prétendent «modérés» mais ne le sont pas. Ils devraient aussi éviter d'offrir au Mouvement islamique le monopole exclusif de la représentation des musulmans, en associant d'autres sensibilités religieuses au dialogue avec les autorités. Cela montrerait qu'ils respectent la diversité de leurs communautés

1. Entretien avec Iman Elkadi, 9 février 2005.
2. Reuven Paz, «Qharadawi...», *op. cit.* Voir aussi «Brotherhood Guide urges opposition to "US Project"», islamicforumeurope.com, 23 janvier 2004.

musulmanes et rejettent la tentation de faire « gérer » des populations parfois perçues comme problématiques par leurs représentants les plus visibles, ou les plus déterminés.

Ce qui est en jeu, dans cette relation à l'islam, va bien au-delà des simples rapports de bon voisinage entre musulmans et non-musulmans, ou de l'administration du culte islamique. D'abord parce que le devenir de l'islam en Occident va influencer celui du Proche-Orient tout entier. Dans de nombreux pays – Égypte, Syrie, Tunisie... – les islamistes, et singulièrement la tendance incarnée par les Frères musulmans, représentent la principale force d'opposition aux régimes en place. Ce constat sous-tend la réflexion menée par certains milieux aux États-Unis : le projet de démocratiser la région ne pourra pas se faire sans eux. Selon Reuel Gerecht, un ancien de la CIA passé au service du très néoconservateur American Enterprise Institute, la victoire sur Ben Laden et ses partisans, comme la transformation politique du Proche-Orient, rendra inévitable un accommodement avec les Frères, tout simplement parce qu'ils sont populaires[1]. La mutation de leurs cousins occidentaux, si elle aboutit, pourrait contribuer à en faire une force favorable au changement démocratique. Cela implique toutefois que les « nouveaux islamistes » aient le courage de rompre avec les vieilles idées de leurs actuels maîtres à penser, qui sont souvent issus de la première génération des Frères musulmans.

A terme, on peut aussi imaginer que l'Occident lui-même se transforme au contact des islamistes. En un sens, ceux-ci comptent parmi les derniers utopistes d'un monde largement converti aux bienfaits du matérialisme de marché. Comme celles de Sayyid Qutb horrifié par le New York des années 50 – il y voyait un « immense atelier hurlant » et déplorait la « vue matérialiste, minable, desséchée de la vie » qui dominait l'Amérique[2] –, leurs

1. Cité par le *Washington Post*, « In search of friends... », *op. cit.*

2. *Le Temps*, 12 octobre 2001 ; Olivier Carré, *L'Utopie islamique dans l'Orient arabe*, Paris, Presses de la Fondation nationale des sciences politiques, 1991, p. 183.

critiques touchent nos sociétés en un point sensible : l'impression lancinante d'une absence de perspectives autres que l'exploitation toujours plus complète, la gestion toujours plus efficiente du monde. Beaucoup de non-musulmans, qu'ils soient croyants, agnostiques ou athées, peuvent trouver dans cette remise en cause de l'ordre dominant un écho de leurs propres convictions. Bien qu'elle soit encore loin d'être réalisée, une convergence entre ces différentes sensibilités contribuerait à enrichir la discussion, sans doute souhaitable, sur des formes alternatives de civilisation.

Avant d'en arriver là, le Mouvement islamique doit changer. Son besoin de reconnaissance offre aux États européens l'occasion d'accélérer sa mutation en fixant les conditions du dialogue avec lui. S'ils veulent éviter un choc frontal entre les conceptions politiques du Mouvement et celles du reste de la population, les gouvernements doivent exiger des Frères et de leurs héritiers qu'ils coupent le cordon ombilical qui les relie aux « grands anciens » comme Qaradawi ou les dirigeants islamistes pakistanais ; qu'ils reconnaissent la validité des droits de l'homme (et de la femme) en Occident comme dans le monde musulman ; qu'ils condamnent clairement la violence et mettent fin au soutien d'organisations comme le Hamas, lorsque celles-ci ont été identifiées comme terroristes par la communauté internationale. Avant tout, les représentants des musulmans d'Occident doivent cesser de s'identifier à une histoire qui n'est plus la leur, celle de l'*Oumma* en lutte contre quelque odieux « complot contre l'islam ». C'est le prix à payer pour montrer que le Projet appartient vraiment au passé.

Annexes

Document 1
Le Projet

Le Projet est un document découvert en novembre 2001 dans la villa du banquier islamiste Youssef Nada. Son auteur est inconnu, mais les enquêteurs qui l'ont analysé le décrivent comme la stratégie politique des Frères musulmans, dont Youssef Nada était le délégué aux questions internationales. Le Projet est une synthèse des ambitions politiques de cette organisation islamiste dont le but ultime est d'établir « le règne de Dieu sur Terre ».

4100400027

- ١ -

بسم الله الرحمن الرحيم

تقرير س / ٥ / ١٠٠
١ / ١٢ / ١٩٨٢م

نحو استراتيجية عالمية للسياسة الاسلامية
(منطلقات، وعناصر، ومستلزمات اجرائية ومهمات)

يقدم هذا التقرير تصورا شاملا لاستراتيجية عالمية للسياسة الاسلامية ويتم في ضوئها وينسجم معها رسم السياسات الاسلامية المحلية في الاقطار المختلفة، وقد روعي ان تثبت منطلقات هذه السياسة، ثم تذكر اهم عناصر كل منطلق، واهم المستلزمات الاجرائية لكل منطلق، وبعض المهمات المقترحة على سبيل المثال وليس الحصر، والله ولي التوفيق.

وفي ما يلي اهم منطلقات هذه السياسة :

المنطلق الاول : معرفة ارض الواقع واعتماد المنهجية العلمية في التخطيط والتنفيذ

المنطلق الثاني : الجدية في العمل.

المنطلق الثالث : الجمع بين الالتزام العالمي والمرونة المحلية.

المنطلق الرابع : الجمع بين الاشتغال بالسياسة وعدم الانعزال من جهة والتربية المستمرة للاجيال والعمل المؤسسي من جهة اخرى.

المنطلق الخامس : السعي لاقامة الدولة الاسلامية والعمل الموازى التدريجي في السيطرة على مراكز القوى المحلية من جهة اخرى واستخدام العمل المؤسسي وسيلة لذلك.

المنطلق السادس : العمل باخلاص مع الجماعات والهيئات الاسلامية في محاور مختلفة وبالاتفاق على قدر مشترك من النقاط " نتعاون فيما اتفقنا عليه ويعذر بعضا بعضا فيما اختلفنا فيه.

المنطلق السابع : قبول فكرة نوع من التعاون المرحلي بين الحركات الاسلامية وغيرها من الحركات الوطنية وفي قضايا عامة وفي بعض النقاط غير الخلافية كمحاربة الاستعمار والتبشير والدولة اليهودية بصورة لا ترقى الى مستوى التحالفات بل تتم على مستويات عناصر محدودة في القيادة او الاتصال، ويبقى في نطاق دراسة كل حالة على حده والى المدى الذى يوافق الشرع دون موالاتهم او الاطمئنان اليهم مع ملاحظة ان تكون الحركة الاسلامية صاحبة المبادرة والتوجيه.

المنطلق الثامن : اتقان ~~فن~~ التمكن من الناحية المرحلية دون التفريط بالمبادىء الاساسية مع العلم ان احكام الله جميعا ممكنة التطبيق والدعوة الى ممارسة الامر بالمعروف والنهي عن المنكر مع ابداء الرأى الموثق بالبيانات والكتب دون اضطرار الدعوة الى المجابهة غير المتكافئة مع خصومها المحليين او اعدائها العالميين

Au Nom de Dieu clément miséricordieux,

Rapport S/5/100
1/12/1982

Vers une stratégie mondiale
pour la politique islamique
(Points de départs, éléments,
procédures et missions)

Ce rapport présente une vision globale d'une stratégie internationale pour la politique islamique. Selon ses lignes directrices, et en accord avec elles, les politiques islamiques locales sont élaborées dans les différentes régions. Il s'agit, tout d'abord, de définir les points de départ de cette politique, puis d'énoncer les composantes de chaque point de départ, ainsi que les procédures les plus importantes liées à chaque point de départ; nous suggérons enfin quelques missions, à titre d'exemple uniquement, puisse Dieu nous protéger.

Ci-dessous, les principaux points de départ de cette politique:

Point de départ 1: connaître le terrain et adopter une méthodologie scientifique pour la planification et la mise en œuvre.

Point de départ 2: faire preuve de sérieux dans le travail.

Point de départ 3: concilier engagement international et souplesse au niveau local.

Point de départ 4: concilier engagement politique et nécessité d'éviter l'isolement d'une part, éducation permanente des générations et travail institutionnel d'autre part.

Point de départ 5: s'employer à établir l'État islamique, parallèlement à des efforts progressifs visant à maîtriser les centres de pouvoir locaux par le biais du travail institutionnel.

Point de départ 6: travailler avec loyauté aux côtés des groupes et institutions islamiques dans divers domaines en s'accordant sur un terrain d'entente afin de «coopérer sur les points de convergence et mettre de côté les points de divergence».

Point de départ 7 : accepter le principe d'une coopération provisoire entre les mouvements islamiques et les mouvements nationaux dans des domaines généraux et sur des points d'entente tels que la lutte contre la colonisation, la prédication et l'État juif sans pour autant devoir former des alliances. Cela requiert, en revanche, des contacts limités entre certains dirigeants, au cas par cas, tant que ces contacts ne contreviennent pas à la loi. Néanmoins, il ne faut pas leur prêter allégeance ou leur faire confiance, sachant que le mouvement islamique doit être à l'origine des initiatives et des orientations prises.

Point de départ 8 : maîtriser l'art du possible, dans une perspective provisoire, sans abuser des principes de base, sachant que les préceptes d'Allah sont tous applicables. Il faut ordonner le convenable et interdire le blâmable[1], tout en donnant un avis documenté. Mais il ne faut pas chercher une confrontation avec nos adversaires, à l'échelle locale ou mondiale, qui serait disproportionnée et qui pourrait aboutir à des attaques à l'encontre de la *dawa*[2] ou de ses disciples.

Point de départ 9 : construire en permanence la force de la *dawa* islamique et soutenir les mouvements engagés dans le *jihad* dans le monde musulman, à des degrés divers et autant que possible.

Point de départ 10 : s'aider des systèmes de surveillance divers et variés, dans plusieurs endroits, pour recueillir des informations et adopter une communication avertie et efficace, à même de servir le Mouvement islamique mondial. En effet, la surveillance, les décisions politiques et une communication efficace sont complémentaires.

Point de départ 11 : adopter la cause palestinienne sur un plan islamique mondial, sur un plan politique et par le biais du *jihad*, car il s'agit de la clé de voûte de la renaissance du monde arabe d'aujourd'hui.

Point de départ 12 : savoir recourir à l'autocritique et à une évaluation permanente de la politique islamique mondiale et de ses objectifs, de son contenu et de ses procédures afin de s'améliorer. C'est un devoir et une nécessité selon les préceptes de la *charia*.

1. Concept cité dans le Coran, devenu l'un des objectifs centraux de la confrérie : on l'a aussi traduit par « commander le bien et pourchasser le mal ».
2. *Dawa* : signifie littéralement appel, invocation, exhortation, prière. Le terme désigne ici le travail des Frères pour propager l'islam.

LE PREMIER POINT DE DÉPART :

Connaître le terrain et adopter une méthodologie scientifique pour la planification et la mise en œuvre.

a- Éléments :

Connaître les facteurs influents dans le monde, qu'il s'agisse des forces islamiques, des forces adverses ou des forces neutres.

Recourir aux moyens scientifiques et technologiques nécessaires à la planification, l'organisation, la mise en œuvre et le suivi.

b- Procédures :

Créer des observatoires pour recueillir l'information, la stocker à toutes fins utiles, s'en servir le cas échéant en s'appuyant sur des moyens technologiques modernes.

Créer des centres d'études et de recherches et produire des études sur la dimension politique du mouvement islamique.

c- Missions suggérées :

Établir une carte des doctrines dans le monde pour avoir une vision globale du monde depuis cent ans jusqu'à nos jours et analyser la situation actuelle à la lumière de cette configuration en tenant compte des changements advenus et prévus.

Établir une carte des doctrines du monde musulman.

Établir une carte des mouvements islamiques du monde musulman.

Faire des études politiques et scientifiques successives dans divers domaines islamiques, qui portent plus particulièrement sur les événements actuels.

Faire une étude scientifique qui dresse l'historique des mouvements islamiques contemporains et l'utiliser.

LE DEUXIÈME POINT DE DÉPART :

Faire preuve de sérieux dans le travail.

a- Éléments :

Clarté des objectifs principaux de la *dawa* aux yeux de tous et clarté des objectifs temporaires visant à exploiter les énergies, les canaliser et les orienter.

Consentir des efforts suffisants au service des travailleurs et conjuguer ces efforts vers un seul et même objectif.

Y consacrer suffisamment de temps.

Dépenser l'argent dans la mesure du possible.

b- Procédures :

Exploiter toutes les énergies des travailleurs au service de la *dawa*, chacun à son niveau (le critère d'efficacité étant que chacun doit se consacrer à la tâche qui lui est réservée).

Mobiliser le maximum d'adeptes et de responsables.

Récolter de l'argent efficacement, contrôler les dépenses et investir dans l'intérêt général.

c- Missions suggérées :

Procéder à un sondage réservé aux travailleurs (l'homme adéquat à l'endroit adéquat).

Établir des calendriers avec les horaires des travailleurs et des spécialistes et utiliser ces efforts à bon escient et en temps voulu (effort adéquat au bon moment).

Engagement des institutions économiques adéquates pour appuyer la cause financièrement.

LE TROISIÈME POINT DE DÉPART :

Concilier engagement international et souplesse au niveau local.

a- Éléments :

Définir les lignes générales que tout le monde doit suivre.

Laisser une marge pour qu'il y ait suffisamment de souplesse au niveau local pour les questions qui ne s'opposent pas aux lignes générales de la politique islamique mondiale.

b- Procédures :

Le Mouvement, au niveau mondial, définit les domaines et les questions islamiques d'ordre général qui requièrent l'engagement de tous selon des priorités préalablement définies.

La direction locale définit les questions locales qui relèvent de ses prérogatives, selon le principe de souplesse et selon des priorités préalablement définies.

c- Missions suggérées :

Engagement islamique mondial pour une libération totale de la Palestine et la création d'un État musulman, mission qui incombe à la direction mondiale.

Établir un dialogue au niveau local avec ceux qui travaillent pour la cause selon la ligne politique mondiale du Mouvement. C'est à la direction locale de définir les contours de ce dialogue.

LE QUATRIÈME POINT DE DÉPART :

Concilier engagement politique et nécessité d'éviter l'isolement d'une part, éducation permanente des générations et travail institutionnel d'autre part.

a- Éléments :

Liberté politique dans chaque pays en fonction de la conjoncture locale, sans pour autant participer à un processus de prise de décision qui serait contraire aux textes de la *charia*.

Inviter tout le monde à participer aux conseils parlementaires, municipaux, syndicaux et à d'autres institutions dont les conseils sont choisis par le peuple dans l'intérêt de l'islam et des musulmans.

Continuer d'éduquer les individus et les générations et de garantir la formation des spécialistes dans divers domaines selon un plan préalablement étudié.

Construire des institutions sociales, économiques, scientifiques et dans le domaine de la santé et pénétrer le domaine des services sociaux pour être en contact avec le peuple et pour le servir par le biais des institutions islamiques.

b- Procédures :

Étudier les environnements politiques divers et les probabilités de réussite dans chaque pays.

Planifier des missions d'études spécialisées qui se penchent sur des domaines rares et utiles tels que la communication, l'histoire de l'islam, etc.

Faire des études de faisabilité qui portent sur diverses institutions et les créer en fonction des priorités établies dans chaque pays.

c- Missions suggérées :

Faire des études relatives aux expériences des politiques islamiques et en tirer des leçons.

Donner un avis politique islamique sur les questions urgentes.

Soutenir des questions locales importantes dans un cadre islamique telles que les questions des travailleurs, des syndicats, etc.

Créer un certain nombre d'institutions économiques, sociales et dans le domaine de la santé et de l'éducation, selon les moyens à disposition pour servir le peuple dans un cadre islamique.

LE CINQUIÈME POINT DE DÉPART :

S'employer à établir l'État islamique, parallèlement à des efforts progressifs visant à maîtriser les centres de pouvoir locaux par le biais du travail institutionnel.

a- Éléments :

Canaliser la pensée, l'éducation et le travail afin d'établir un pouvoir islamique sur terre.

Influencer les centres de pouvoir locaux et mondiaux au service de l'islam.

b- Procédures :

Préparer une étude scientifique sur la possibilité d'établir le règne de Dieu partout dans le monde selon des priorités établies.

Étudier les centres de pouvoir locaux et mondiaux, et les possibilités de les placer sous influence.

Conduire une étude moderne sur le concept de soutien à la *dawa* islamique et à la loi islamique, et plus particulièrement sur les hommes influents dans l'État et le pays.

c- Missions suggérées :

Rédiger une Constitution islamique à la lumière des efforts déployés jusqu'à aujourd'hui.

Rédiger des lois islamiques, civiles, etc.

Choisir un endroit et le mettre au rang de nos priorités afin d'y établir un pouvoir islamique et y concentrer tous nos efforts.

Œuvrer dans diverses institutions influentes et les utiliser au service de l'islam.

Recourir au travail d'institutions islamiques spécialisées, économiques, sociales, etc.

LE SIXIÈME POINT DE DÉPART :

Travailler avec loyauté aux côtés des groupes et institutions islamiques dans divers domaines en s'accordant sur un terrain d'entente afin de « coopérer sur les points de convergence et mettre de côté les points de divergence ».

a- Éléments :

Coordonner le travail islamique dans une seule direction pour qu'il permette de jeter les bases de la croissance de la société musulmane et de consacrer le pouvoir de Dieu sur terre.

Chacun œuvre selon ses capacités dans le domaine qu'il choisit et qu'il maîtrise, l'essentiel étant la loyauté et la coordination des efforts.

b- Procédures :

Étudier la réalité des mouvements islamiques, en évaluer l'expérience et élaborer des plans pour entamer une collaboration entre eux.

Éviter de créer de nouveaux mouvements islamiques dans un pays qui compte déjà ne serait-ce qu'un mouvement, sérieux et complet.

c- Missions suggérées :

Coordonner le travail de tous ceux qui œuvrent pour l'islam, dans chaque pays, et établir un contact de qualité avec eux, qu'il s'agisse d'individus ou de groupes.

Réduire les différends qui existent entre les travailleurs de l'islam et s'employer à résoudre leurs conflits selon la *charia.*

LE SEPTIÈME POINT DE DÉPART :

Accepter le principe d'une coopération provisoire entre les mouvements islamiques et les mouvements nationaux dans des domaines généraux et sur des points d'entente tels que la lutte contre la colonisation, la prédication et l'État juif sans pour autant devoir former des alliances. Cela requiert, en revanche, des contacts limités entre certains dirigeants, au cas par cas, tant que ces contacts ne contreviennent pas à la loi. Néanmoins, il ne faut pas leur prêter allégeance ou leur faire confiance, sachant que le mouvement islamique doit être à l'origine des initiatives et des orientations prises.

a- Éléments :

Conjuguer tous les efforts contre les forces suprêmes du mal en vertu du principe selon lequel il faut « lutter contre un mal par un moindre mal ».

Circonscrire la collaboration aux bases dirigeantes ou à un nombre limité d'individus pour maximiser le profit et minimiser les éventuels inconvénients.

Travailler dans cette optique pour réaliser des objectifs préalablement définis par la *dawa.*

b- Procédures :

Faire une étude pour évaluer les domaines qui ont fait l'objet d'une entraide entre des mouvements islamiques et d'autres mouvements et en tirer les leçons.

Étudier les domaines qui peuvent faire l'objet d'une coordination avec les autres et en délimiter les contours.

Étudier la pensée et les plans des autres mouvements.

c- Missions suggérées :

Chaque pays doit étudier la possibilité, à l'avenir, de renforcer la collaboration interne.

LE HUITIÈME POINT DE DÉPART :

Maîtriser l'art du possible, dans une perspective provisoire, sans abuser des principes de base, sachant que les préceptes d'Allah sont tous applicables. Il faut ordonner le convenable et interdire le blâmable, tout en donnant un avis documenté. Mais il ne faut pas chercher une confrontation avec nos adversaires, à l'échelle locale ou mondiale, qui serait disproportionnée et qui pourrait aboutir à des attaques à l'encontre de la *dawa* ou de ses disciples.

a- Éléments :

Évaluer l'éducation des individus et ne pas recourir excessivement à l'éducation moderne typique qui ne correspond pas à la réalité, qui est dépourvue de souplesse et qui peut avoir de graves conséquences telles que la confrontation entre individus pour une simple remarque ou un simple manquement.

Donner un avis documenté et scientifique, sous forme de discours, de communiqués ou de livres qui portent sur les événements importants que vit notre *Oumma*[1].

Éviter que le mouvement se heurte à des confrontations majeures qui pourraient encourager ses adversaires à lui porter un coup fatal.

1. Communauté des croyants, la communauté des musulmans sur terre.

b- Procédures :

Faire une étude pour évaluer les expériences des mouvements islamiques afin d'éviter les erreurs fatales.

Faire évoluer les méthodes d'éducation des individus pour qu'elles soient à la fois exemplaires et réalistes et pour qu'elles soient fidèles aux principes, tout en octroyant une souplesse suffisante qui permette d'affronter la réalité.

c- Missions suggérées :

Faire évoluer les programmes d'initiation des adeptes et procéder à une sensibilisation sur la base des expériences passées.

Préparer les individus selon des méthodes éducatives modernisées.

LE NEUVIÈME POINT DE DÉPART :

Construire en permanence la force de la *dawa* islamique et soutenir les mouvements engagés dans le *jihad* dans le monde musulman, à des degrés divers et autant que possible.

a- Éléments :

Protéger la *dawa* avec la force nécessaire pour garantir sa sécurité à l'échelle locale et mondiale.

Entrer en contact avec tout nouveau mouvement engagé dans le *jihad* où qu'il soit sur la planète, et avec les minorités musulmanes, et créer des passerelles, selon les besoins, pour les soutenıı et établir une collaboration.

Maintenir le *jihad* en éveil dans l'*Oumma*.

b- Procédures :

Construire une force de sécurité autonome pour protéger la *dawa* et ses disciples localement et mondialement.

Étudier les mouvements engagés dans le *jihad* dans le monde musulman et au sein des minorités musulmanes pour mieux les connaître.

c- Missions suggérées :

Jeter des ponts entre les mouvements engagés dans le *jihad* dans le monde musulman et entre les minorités musulmanes, et les soutenir autant que possible, dans le cadre d'une collaboration.

LE DIXIÈME POINT DE DÉPART :

S'aider des systèmes de surveillance divers et variés, dans plusieurs endroits, pour recueillir des informations et adopter une communication avertie et efficace, à même de servir le mouvement islamique mondial. En effet, la surveillance, les décisions politiques et une communication efficace sont complémentaires.

a- Éléments :

Prendre des décisions politiques pour recueillir des informations importantes et précises.

Diffuser la politique islamique pour qu'elle soit largement et efficacement couverte par les médias.

b- Procédures :

Créer un système de surveillance moderne, par le biais de la technologie de pointe (ce qui complétera peut-être l'observatoire suggéré).

Créer un centre médiatique efficace et sérieux.

c- Missions suggérées :

Mise en garde des musulmans quant aux dangers qui les menacent et aux complots internationaux fomentés à leur encontre.

Donner un avis sur les questions d'actualité et les questions d'avenir.

LE ONZIÈME POINT DE DÉPART :

Adopter la cause palestinienne sur un plan islamique mondial, sur un plan politique et par le biais du *jihad*, car il s'agit de la clé de voûte de la renaissance du monde arabe d'aujourd'hui.

a- Éléments :

Donner un avis, sous un angle islamique, sur tous les sujets, les solutions, les problèmes relatifs à la question palestinienne en se basant sur les préceptes de l'islam.

Préparer la communauté des croyants au *jihad* pour la libération de la Palestine. On pourra conduire l'*Oumma* pour réaliser les desseins du mouvement islamique surtout si la victoire nous revient, si Dieu le veut.

Créer le noyau du *jihad* en Palestine, aussi modeste soit-il, et le nourrir pour entretenir cette flamme qui va éclairer le seul et unique chemin vers la libération de la Palestine, et pour que la cause palestinienne demeure vivace jusqu'au moment de la libération.

b- Procédures :

Recueillir suffisamment de fonds pour perpétuer le *jihad*.

Faire un sondage sur la situation des musulmans et de l'ennemi en Palestine occupée.

c- Missions suggérées :

Faire des études sur les juifs, ennemis des musulmans, et sur l'oppression infligée par ces ennemis à nos frères en Palestine occupée, outre les prêches et les publications.

Lutter contre le sentiment de capitulation au sein de l'*Oumma*, refuser les solutions défaitistes, et montrer que la conciliation avec les juifs porterait atteinte à notre mouvement et à son histoire.

Faire des études comparatives entre les Croisades et Israël, et la victoire sera du côté de l'islam.

Créer des cellules de *jihad* en Palestine, les soutenir pour qu'elles couvrent toute la Palestine occupée.

Créer un lien entre les *moujahidin* en Palestine et ceux qui se trouvent en terre d'islam.

Nourrir le sentiment de rancœur à l'égard des juifs et refuser toute coexistence.

LE DOUZIÈME POINT DE DÉPART :

Savoir recourir à l'autocritique et à une évaluation permanente de la politique islamique mondiale et de ses objectifs, de son contenu, de ses procédures afin de s'améliorer. C'est un devoir et une nécessité selon les préceptes de la charia islamique.

a- Éléments :

Faire une autocritique constructive pour éviter les écueils.

Procéder à une évaluation constante sur des bases scientifiques qui permette d'édifier des politiques.

Améliorer les politiques islamiques en tirant profit des expériences passées doit être un objectif clair et primordial.

b- Procédures :

Évaluer les pratiques actuelles et tirer profit des expériences passées.

Demander aux responsables dans les divers pays ainsi qu'aux individus de chaque pays de donner leur avis quant aux directions, aux méthodes et aux résultats obtenus.

c- Missions suggérées :

Produire un document officiel sur la politique islamique mondiale.

Sensibiliser les pays, les responsables et les individus à cette politique.

Commencer à appliquer cette politique, à l'évaluer annuellement et à l'améliorer le cas échéant.

[Traduction : Rawdha Cammoun. Adaptation : Sylvain Besson.]

Document 2
Stratégie financière des Frères musulmans

Ce texte a été découvert au même moment que le Projet dans les locaux de la société financière Al-Taqwa, dirigée par Youssef Nada. Il décrit le réseau financier établi en Europe par les Frères musulmans durant les années 1970 grâce à des fonds venus surtout de pays du Golfe. Cet ensemble d'institutions commerciales poursuivait discrètement des objectifs politiques, notamment la formation des cadres des Frères musulmans.

Au nom de Dieu
La banque islamique au Luxembourg.
Premièrement : une introduction.

Il ne fait pas de doute que l'aspect économique est important pour toute *dawa*, puisqu'elle doit posséder les fondations économiques fournissant les ressources financières qui la protègent des soubresauts sur le front politique et la rendent moins dépendante des payements charitables individuels. Cette base offre aussi un champ d'entraînement des ressources humaines pour le *Gamaat*[1], dans différents domaines économiques et techniques. En plus de cela, il sera aisé d'utiliser la base économique comme un paravent qui ne peut pas être aisément infiltré par les activités politiques.

En conséquence, des membres du *Gamaat* sont entrés avec enthou-

1. Littéralement « Société » ou « Association », terme qui désigne les Frères musulmans.

siasme dans le domaine de la banque islamique, influencés par leurs opinions sur le travail islamique d'une part, et d'autre part pour débarrasser les musulmans des transactions usuraires. Ces efforts individuels ont culminé dans l'établissement de la banque islamique internationale à Luxembourg.

L'institution a commencé son activité comme une société holding pour les investissements en 1977, avec son quartier général au Luxembourg en raison des difficultés à obtenir une licence bancaire dans d'autres pays européens, et dans l'espoir que cet obstacle serait surmonté dans l'avenir.

Avec le temps, l'augmentation de la participation au capital-action et des activités d'investissement de l'institution dans de nombreux domaines, dans les pays européens et islamiques, les responsables de l'institution ont pu construire un cadre légal adapté, en accord avec les règles de la *charia* islamique. Ce cadre comprend les institutions suivantes :

1. La banque islamique internationale au Luxembourg. C'est l'unité majeure, qui dirige et contrôle le reste des institutions.

2. La banque islamique internationale au Danemark à Copenhague, qui conduit toutes les activités bancaires puisque l'institution a pu récemment obtenir une licence.

3. ABS pour les investissements. Une unité affiliée qui gère les investissements à court terme.

4. Arinco. Une unité affiliée qui gère les investissements à long terme.

5. The islamic Investment House (Cayman) à Londres. C'est une unité pour collecter l'épargne à travers l'émission de certificats de dépôts en livres sterling. Elle investit son argent à travers les autres institutions affiliées.

6. Les consultants internationaux : une unité de conseil. Elle évalue les projets, leur construction et leur suivi. Il a été convenu qu'une branche (pour les consultants internationaux) devra bientôt être ouverte au Caire. Le siège sera inauguré à Londres,

7. SEER réassurance. Une société de réassurance, quartiers géné-

raux aux États-Unis. Des milliers de gens possèdent ses actions en partenariat avec le Waqf islamique en Amérique.

8. Des projets de production en Europe et en Égypte.

Deuxièmement :

Répartition du capital.

Capital approuvé 100 millions de dollars, représentant un million d'actions, la valeur d'une action [étant de] 100 dollars. La première tranche proposée à la vente était de 10 millions de dollars, qui a été complètement couverte à la fin de 1982. D'anciens et nouveaux actionnaires ont été invités à participer à trois nouvelles tranches, une tranche pour les anciens actionnaires, et deux pour toute personne intéressée à participer.

Les actionnaires du capital en ce moment sont les suivants :

1. Le ministère du Waqf, Émirats. [...] Les droits de vote pour ces actions sont considérés comme étant sous le contrôle de la Société *[Gamaat]*.

2. Kuwait Investment House. 15 000 parts.

3. Le groupe Al-Baraka, avec son propriétaire cheikh Abdalla Kamel et son partenaire Hussein al-Harithy : 25 000 parts.

4. Cheikh Mohammed al-Arfag : 10 000 parts.

5. Dr Jamal al-Din Attia : 5 000 parts.

6. Cheikh Mohammed Ali al-Mutlag.

7. Cheikh Abdalla Sultan al-Kulaib. 5 000 parts.

8. Parts pour les membres de la Société [des Frères musulmans] à Abou Dhabi : 10 000 parts.

9. Le reste des parts est distribué entre un grand nombre de personnes, la plupart d'entre elles membres de la Société. De la liste cidessus il ressort à l'évidence que les membres de la Société possèdent pas moins de 50 000 parts ; en outre, le droit de vote d'une partie du reste des parts pourrait être influencé dans l'intérêt de la Société.

Troisièmement :
Le conseil de direction :
Abdelrahman Salim al-Otheigy, président.
Mahmoud Abou al-Saoud, vice-président.
Jamal al-Din Attia, CEO.
[...]
Représentant de la Kuwait Investment House, membre.

Dans la structure ci-dessus, l'importante présence directoriale de membres du *Gamaat* est évidente. A travers elle, le *Gamaat* est assuré d'influencer les politiques et la direction de la banque.

Quatrièmement :
La relation possible entre la banque et le *Gamaat*.

Puisqu'il semble impossible pour le *Gamaat* – dans un futur proche – d'établir une banque islamique selon ses plans, en raison des obstacles posés par l'absence ou la rareté du personnel qualifié nécessaire pour gérer ses opérations, et la difficulté d'obtenir la licence nécessaire, nous estimons bénéfique pour le *Gamaat* de viser l'un de ces objectifs :

Chercher à posséder la majorité du capital de la banque, et ainsi être en position de la manipuler et de la diriger comme une banque du *Gamaat* ;

Chercher à augmenter la présence financière et directoriale précitée en invitant ses membres à posséder davantage du capital de la banque, afin d'avoir un rôle critique dans la direction et la gestion de la banque. C'est politique de la première phase, jusqu'à ce que le *Gamaat* ait sa propre banque.

La première phase doit accomplir les objectifs suivants :

a) Créer une couverture dans un cadre légal pour les investissements à court terme du *Gamaat*. Il conserve secrètes ses transactions financières puisqu'il peut être considéré comme sûr du point de vue de la sécurité contre l'observation.

b) Il élargit le champ des alternatives islamiques, dans un cadre pratique pour les principes islamiques et les idées du *Gamaat* dans le domaine des finances et de l'économie.

c) Il permet de disposer d'un excellent portefeuille d'investissements sous un contrôle religieux strict représenté par les membres du conseil et l'assemblée générale. La nature variée des unités de la banque satisfera tous les besoins d'investissements des individus dans le court, moyen et long terme.

d) C'est un bon instrument pour réaliser beaucoup de projets nécessaires pour le *Gamaat* et pour ses membres.

e) C'est un bon instrument pour entraîner le personnel de haut niveau économique, financier et technique, dans le cadre du plan du *Gamaat*. De plus, l'expansion des activités de la banque conduira à l'absorption de très nombreux membres spécialisés du *Gamaat* dans ses différents départements.

En raison de tout ce qui précède, nous présentons nos suggestions pour les examiner de manière à assurer le bien-être et le développement des activités du *Gamaat*, pour accomplir ses objectifs, et nous demandons à Dieu de nous permettre de faire le bien.

La paix soit avec vous, et la pitié et la bénédiction d'Allah.

Signé : Abu Amr, Abu Hisham
Abou Dhabi, 30e du mois de Ramadan 1403.
[1983]

Glossaire succinct

Charia: Littéralement «la route»; terme qui désigne la loi islamique.

Dawa: Appel, invocation, exhortation, prière. Le terme, parfois traduit en français par le mot «message» ou «appel», désigne le travail de propagation de la foi islamique. Il est souvent employé par les Frères pour décrire leur activité religieuse et politique.

Fatwa: Décret religieux, avis donné sur la base de la jurisprudence islamique.

Gamaat: Littéralement «société» ou «association». Le terme désigne les Frères musulmans, dont le nom officiel est «Société des Frères musulmans» *(Gamaat al-Ikhwan al-Mouslimoun)*.

Jihad: Guerre sainte. Le terme désigne aussi l'effort individuel fourni par le fidèle pour rester dans la voie de Dieu. Le mot *moujahid* désigne un combattant engagé dans le *jihad* (au sens militaire).

Oumma: Communauté des croyants, communauté réunissant l'ensemble des musulmans dans le monde.

Les principaux idéologues du Mouvement islamique

Hassan al-Banna (1906-1949)

Ce fils de l'imam d'un village égyptien s'engage très jeune dans des groupuscules dédiés à la préservation de l'ordre moral. Il devient instituteur et fonde les Frères musulmans en 1928 à Ismaïliya, dans la zone du canal de Suez. Scandalisé par la mainmise étrangère et la corruption des classes dominantes, Hassan al-Banna fait de la confrérie un parti de masse bien organisé dont l'objectif est la réforme complète de la société sur la base de l'islam. Servis par ses talents d'orateur et l'utilisation de techniques de propagande modernes, les Frères jouent un rôle central dans la vie politique égyptienne des années 30 et 40. Puis, dans une période de tension marquée par les actions violentes de l'Organisation spéciale, sorte de milice placée directement sous ses ordres, Banna est assassiné par des agents du gouvernement monarchiste, en 1949. L'historiographie islamiste attribue ce meurtre à un complot des puissances occidentales, qui auraient vu d'un mauvais œil la participation des Frères musulmans aux combats entre Arabes et sionistes en Palestine.

Sayyid Qutb (1906-1966)

Né dans une famille pieuse de Haute-Égypte, le jeune Qutb s'intéresse d'abord à la littérature avant de se rapprocher des Frères musulmans après la Seconde Guerre mondiale. Il devient l'un des dirigeants de l'organisation, en charge du travail de prédication et de diffusion de l'islam *(dawa)*. Après le coup d'État militaire qui renverse la monarchie en 1952, il est pressenti pour entrer au gouvernement. Mais en 1954, après une tentative d'assassinat ratée contre Nasser que les Frères décriront comme une mise en scène, il est condamné et emprisonné pendant dix ans. Brièvement libéré, il est arrêté en 1965 sur la base de nouvelles accusations de complot contre Nasser et pendu l'année suivante. Son livre *Signes de piste*, écrit en prison, et son vaste commentaire du Coran deviendront les références de l'islamisme radical. Anti-occidental virulent, il demeure l'un des auteurs les plus populaires du Mouvement islamique et ses ouvrages sont largement diffusés en Europe.

Aboul-ala Maudoudi (1903-1979)

Journaliste dans les Indes sous domination britannique, Maudoudi milite pour la création d'un État musulman séparé et fonde le parti Jamiat-i-islami (Société islamique) en 1941. Après l'indépendance du Pakistan en 1948, sa pensée exerce une influence considérable sur le Mouvement islamique dont les Frères musulmans égyptiens et le Jamiat sont les principales composantes. L'État islamique qu'il préconise doit être régi par la *charia* et dirigé par un émir choisi pour sa capacité à comprendre les commandements de Dieu. Au début du XXIe siècle, le Jamiat-i-islami est le plus grand parti islamiste du Pakistan et sans doute la plus grande organisation islamiste du monde. Son influence dans la communauté musulmane britannique est importante.

Hassan al-Tourabi (né en 1932)

Issu d'une famille de juristes soudanais originaires du Hejaz, en Arabie, Hassan al-Tourabi étudie à Paris et à Londres avant de participer à l'effervescence étudiante qui agite le Soudan à la fin des années 60. D'abord membre des Frères musulmans, il dirige ensuite une succession de partis aux dénominations variées (Front de la Charte islamique, Union socialiste soudanaise, Front national islamique, Congrès populaire). Le coup d'État de 1989 en fait le directeur de conscience d'un nouveau régime fondé sur un mélange d'idéologie islamiste et de tiers-mondisme. Le Soudan devient une terre d'accueil pour de nombreux groupes islamistes armés, en particulier celui d'Oussama ben Laden. En 1995, une tentative ratée d'assassinat contre le président égyptien Moubarak lors d'une conférence internationale en Éthiopie précipite sa disgrâce. Il est placé alternativement en résidence surveillée ou en prison à partir de l'an 2000.

Yousouf al-Qaradawi (né en 1926)

Né dans une famille humble du delta du Nil, très tôt versé dans l'étude et la mémorisation du Coran, Yousouf al-Qaradawi est attiré par les discours de Hassan al-Banna et rejoint les Frères musulmans. Emprisonné plusieurs fois durant les vagues de répression contre les Frères, il s'exile au Qatar en 1963. Dans les années 70, il participe à la renaissance des Frères en Égypte, notamment par ses articles dans la revue *Dawa*. Il affirme avoir refusé le poste de Guide général de la confrérie et avoir quitté les Frères musulmans au début des années 90. Il demeure la figure religieuse la plus en vue du Mouvement islamique, notamment grâce à son émission télévisée très populaire, « La *charia* et la vie » sur la chaîne Al-Jazira. En 1997, il a fondé le Conseil européen des *fatwas* et de la recherche. Son influence idéologique sur les communautés musulmanes d'Occident est considérable.

Bibliographie

1. Documents non publiés

Balthasar Garzon, Acte d'accusation, procédure 0000035/2001 E, Madrid, 16 septembre 2003.

Bank Al-Taqwa, « List of Preference shareholders at 31/12/1999 » et « List of ordinary shareholders at 31/12/1999 », 15 avril 2000.

Jean-Louis Bruguières et Jean-François Ricard, « Réquisitoire définitif de renvoi devant le tribunal correctionnel », procédure P 01.253.3902/2, Djamel Beghal et autres, parquet du procureur de la République, Paris, septembre 2004.

Muslim American Society, *Mirroring the Islamic Image*, MAS Youth camp, 22-24 août 2003.

Youssef Nada, Lettre au frère Abou Mohammed, 17 novembre 1995.

George B. Wolfe, département américain du Trésor, lettre au procureur général adjoint Claude Nicati (Suisse), « Re : Al-Taqwa/Nada Management organization », datée du 4 janvier 2002.

Fedpol.ch (Police fédérale suisse), « War against terror : swiss contribution – State of the swiss investigations », document non daté, non signé.

Police judiciaire fédérale (Suisse), « Opération al-Saud, note de synthèse », 12 mai 2003.

Police judiciaire fédérale (Suisse), note 0502, « Vidéocassette du voyage en Afghanistan de Ghaleb Himmat, mars 1993 », document non daté, non signé.

Département américain du Trésor, Service des douanes des États-Unis,

« Report or investigation/Interview of Soliman Biheiri », 14 juillet 2003.
« Stratégie financière des Frères musulmans », document traduit en anglais, daté d'Abou Dhabi, 30e jour du mois de Ramadan 1403. Les notes manuscrites originales en arabe portent les numéros 1104800199 à 1104800204 dans la procédure judiciaire suisse.
« Vers une stratégie internationale pour la politique islamique », document daté du 1er décembre 1982, 14 pages dactylographiées en arabe, figurant dans la procédure judiciaire suisse sur la banque Al-Taqwa sous les numéros 4100400027 à 4100400040.

2. Documents publiés, archives

Comité permanent de contrôle des services de renseignements du Parlement belge, « Rapport d'activité 2001 ».
David Kane, « Supplemental declaration in support of pre-trial detention », US District Court for the eastern district of Virginia, Alexandria Division, case 03-365-A, US vs. Soliman S. Biheiri, 11 septembre 2003.
David Kane, « (Proposed redacted) Affidavit in support of application for search warrant », US District Court for the eastern district of Virginia, octobre 2003.
Hani Ramadan, « La pensée politico-religieuse de Hassan al-Banna (1906-1949) », mémoire de licence, université de Genève, avril 1984.
Saïd Ramadan, fiche de la police fédérale, E 4320-01 (C) 1996/202 vol. 46 ; dossier Centre musulman et Centre islamique, Genève, E 2001 (E) 1978/84, vol. 28, dossier A. 15. 31.0.
Tribunal administratif de Munich, Actes concernant la Communauté islamique d'Allemagne du Sud, « Registerakten (Sonderband) über den Verein VR 6256 Islamische Gemeinschaft in Deutschland e. V. », 1960-2002.
Aysha Unus et Hanaa Unus contre David Kane et autres, civil action nº 04-312-A, US District Court for the eastern district of Virginia, Alexandria Division, 9 novembre 2004.

3. Ouvrages sur les Frères musulmans

Ziad Abu-Amr, *Islamic Fundamentalism in the West Bank and Gaza: Muslim Brotherhood and Islamic Djihad*, Bloomington, Indiana University Press, 1994.

Olivier Carré, Gérard Michaud (Michel Seurat), *Les Frères musulmans, 1928-1982*, Paris, Gallimard, 1983.

Brynjar Lia, *The Society of the Muslim Brothers in Egypt: the Rise of an Islamic Mass Movement, 1928-1949*, New York, Ithaca Press, 1998.

Richard P. Mitchell, *The Society of the Muslim Brothers*, New York, Oxford University Press, 1983.

Xavier Ternisien, *Les Frères musulmans*, Paris, Fayard, 2005.

4. Ouvrages sur le Mouvement islamique

Gilles Kepel, *Le Prophète et Pharaon*, Paris, La Découverte, 1984.

Aboul-ala Maudoudi, *Weltanschauung und Leben im islam*, Koweït City, IIFSO, 1997.

Sayyid Qutb, *Dieser Glaube der Islam*, Koweït City, Al Faisal Press, 1992.

Reinhard Schulze, *Islamischer Internationalismus im 20. Jahrhundert*, Leyde-New York-Copenhague-Cologne, E. J. Brill, 1990.

Montasser al-Zayyat, *The Road to Al-Qaeda*, Londres, Pluto Press, 2004.

5. Articles, brochures, textes de conférences

Noreen Ahmed-Ullah, Sam Roe et Laurie Cohen, « A rare look at secretive brotherhood in America », *Chicago Tribune*, 19 septembre 2004.

Valérie Amiraux, « CFCM, a french touch ? », *ISIM Newsletter*, juin 2003.

John Bowen, « Islam in/of France : dilemmas of translocality », intervention devant la 13e Conférence des européanistes, Chicago, 14-16 mars 2002.

Paul Berman, « The philosopher of islamic terror », *New York Times*, 23 mars 2003.

Martin Van Bruinessen, « Making and unmaking muslim religious authority in Western Europe », Conférence présentée à la quatrième rencontre méditerranéenne de recherche politique et sociale, Florence, Montecatini Terme, 19 au 23 mars 2003.

Alexandre Caeiro, « Adjusting islamic law to migration », *ISIM Newsletter*, n° 12, juin 2003.

Conseil européen des *fatwas* et de la recherche, *Recueil de fatwas*, série nº 1, présentation de Yûsuf al-Qardâwi, préface et commentaires de Tariq Ramadan, Lyon, Tawhid, 2002.

Greater London Authority, *Why the Mayor of London will maintain dialogues with all of London's faith and communities : A reply to the dossier against the Mayor's meeting with Dr Yusuf al-Qaradawi*, Londres, janvier 2005.

Alain Grignard, « L'islam radical et sa présence en Belgique », manuscrit non daté.

John Mintz et Douglas Farah, « In search of friends among the foes », *Washington Post*, 11 septembre 2004.

Reuven Paz, « Qharadawi and the world association of muslim clerics : the new platform of the muslim brotherhood », *PRISM Series on Global Jihad*, nº 4, 2 novembre 2004.

Yousouf al-Qaradawi, *Priorities of the Islamic Movement in the Coming Phase*, Doha, 1990, publié sur www.qaradawi.net, aussi disponible sur : http ://www.youngmuslims.ca/.

Yousouf al-Qaradawi, « Le danger de l'apostasie… et la lutte contre la zizanie », article publié sur le site *islamophile.org*, 30 décembre 2002.

Youssouf al-Qaradawi, *Pourquoi l'islam ?*, Paris, Arrissala, 2002.

Saïd Ramadan, *Islam, doctrine et mode de vie*, Genève, Centre islamique, 1963.

–, *Qu'est-ce qu'un État islamique ?*, Genève, Centre islamique, septembre 1961.

Xavier Ternisien, « Al-Qaradawi, l'islam à l'écran », *Le Monde*, 31 août 2004.

Table

COMPOSITION : PAO EDITIONS DU SEUIL

GROUPE CPI

Achevé d'imprimer en septembre 2005
par **BUSSIÈRE**
à Saint-Amand-Montrond (Cher)
N° d'édition : 81623. - N° d'impression : 053346/1.
Dépôt légal · octobre 2005.
Imprimé en France